Armin Krenz
Was Kinder brauchen –
Entwicklungsbegleitung im Kindergarten

W0085320

Armin Krenz

Was Kinder brauchen —

Entwicklungsbegleitung im Kindergarten

Herder
Freiburg · Basel ·

Anschrift des Autors:
Dr. Armin Krenz
FB Elementarpädagogik
Institut für angewandte Psychologie und Pädagogik
Alter Markt 14
D–24103 Kiel

Einbandgestaltung: Meike Hürster, Freiburg

Leider konnten nicht alle Rechteinhaber ermittelt werden.
Berechtigte Ansprüche werden selbstverständlich abgegolten.

Widmung

Wenn es in diesem Buch darum geht, sehr deutlich die wesentlichen Notwendigkeiten zu beschreiben, die Kinder brauchen, um sich entwickeln zu können, dann fallen mir persönlich Menschen ein, die wahre Schätze für Kinder sind.

Zunächst denke ich an Heike aus Husum, die springlebendig, neugierig und interessiert mit Kindern die Tage so gestaltet, daß Kinder in ihr eine echte Bündnispartnerin und engagierte Mitspielerin erleben.

Andrea aus Magdeburg, die trotz äußerst schwerer Arbeitsbedingungen mit ihrer freundlichen Aufgeschlossenheit immer wieder die Herzen vieler Kinder berührt.

MitarbeiterInnen der Kindertagesstätte „Wurzel" aus Magdeburg, die in der Gestaltung ihrer kindzentrierten Arbeit unbeirrt die Neugierde und Initiative kompetenter ErzieherInnen zur täglichen Praxis werden lassen.

Silke aus Husum, die sich trotz massiver Vorurteile gegen ihre Person konsequent für eine qualifizierte Entwicklungsbegleitung von Kindern einsetzt

und keiner verständlichen Resignation Platz eingeräumt hat.

Vincent aus Kenia, der trotz menschenverachten-
der Erfahrungen gegen seine Person in herzlicher
Art und mit viel Kraft sein Arbeitsleben fröhlich gestaltet.

Wolfgang aus Barmstedt, der Religionspädagogik
zu einer praktizierten, erfahrbaren Wirklichkeit im
Leben mit Kindern werden läßt.

Gisela und die Mitarbeiterinnen im Kindergarten
Thedinghausen, die ihre Arbeit mutig umgestellt
haben und Projekte mit Kindern erleben, die mich
selber dort gerne Kind sein lassen würden.

Und schließlich Imke aus Brux, die ihre Diplomar-
beit auf eine ganzheitliche Entwicklungsunterstützung von Kindern ausgerichtet hat und nicht auf
eher funktionsausgerichtete Erwartungen ihrer Do-
zentinnen.

Inhalt

1. Entwicklungsbegleitung statt Erziehung

Jennifer kann es kaum erwarten, am nächsten Morgen zum Kindergarten zu kommen. Es fiel ihr schon schwer, sich am heutigen Kindergartentag von ihrer Gruppe und dem Projekt zu verabschieden, weil sie mit Lust, Neugierde und voller Spannung zusammen mit den ErzieherInnen begonnen hat, einen „echten Hühnerstall" zu bauen. Jennifer kennt den Umgang mit Säge, Nägeln und Hammer schon von zu Hause, wo sie ab und zu ihren Eltern beim Heimwerken helfen darf. Doch so ein Hühnerstall ist schon 'was anderes. Alle Kinder der Gruppe haben in einer der wöchentlichen Kinderkonferenzen beschlossen, das große Wagnis einzugehen und einen kleinen Tierhof im Garten ihrer Einrichtung aufzubauen. Nun können alle Beteiligten Tag für Tag sehen, wie Stück für Stück – wenn auch langsam – ihr Tierhof Gestalt annimmt. Schon am Nachmittag löchert Jennifer ihre Mutter: „Weißt du, wie der Maschendraht an den Balken befestigt wird? Du mußt nämlich wissen, daß es ganz fest halten muß, damit keine Hunde oder Füchse unsere Hühner klauen." Bevor die Mutter antworten kann, folgt die zweite Frage: „Als wir uns mit der Gruppe in dem Geschäft die Drahtrollen angeguckt haben, gab es ihn in verschiedenen Farben. Welche Farbe findest du besser? Grün oder grau? Morgen müssen wir die Rollen nämlich abholen. Dafür haben wir ja unsere Böllerkarren." Am Abend, als der Vater in der Wohnstube sitzt und Jennifer sich vor dem Zubettgehen von ihm verabschiedet, flüstert sie in sein Ohr: „Vergiß mich ja nicht morgen rechtzeitig zu wecken. Wir müssen alle pünktlich sein, damit wir den Draht zum Kindergarten fahren können." Als sie dann in ihrem Bett liegt, darf sie noch eine kurze Zeit das Licht anlassen. Jennifer nimmt daraufhin ihren Malblock und zeichnet einen Tierhof, auf dem Hühner, Schweine und Gänse, Pferde, Esel und Meerschweinchen zu sehen sind. Sie findet es schade, daß es bei ihnen im Kindergarten nur Hühner geben soll. Aber vielleicht kommen später auch einmal andere Tiere dazu.

Jennifer besucht einen Kindergarten, in dem sich die ErzieherInnen nach langen Monaten der konstruktiven Auseinandersetzung, der Suche nach ihrem Selbstverständnis und der Frage, was der Kindergarten heute leisten soll, darauf geeinigt haben, daß zunächst einmal die Kinder das Gefühl praktisch erleben sollen, sich wohlzufühlen. Am besten ist es, wenn daher an dieser Stelle ein entscheidender Beitrag aus dem protokollierten Gespräch einer Teamsupervision wiedergegeben wird.

Jule: „Mich hat es in dem Kindergarten, wo ich vorher war, sehr geärgert, wenn immer nur aus unserer Sicht die Ziele der Erwachsenen für Kinder formuliert werden mußten. So hieß es zum Beispiel:

● Die Kinder sollen lernen, die Regeln des Kindergartens zu beachten und zu wissen, was sie dürfen und was nicht.

● Die Kinder sollen lernen, miteinander zu teilen, sich zuzuhören, miteinander zu spielen und bei Hilfsanfragen anderer zu helfen.

● Die Kinder sollen lernen, bei Streit aufeinander zuzugehen und sich zu vertragen. Sie sollen erfahren, daß es sich lohnt, mit möglichst allen gut zurechtzukommen.

● Die Kinder sollen lernen, Konzentration und Belastbarkeit auszubauen, indem sie zielgerichtete Beschäftigungen an ihren Tischen ausführen."

Beate: „Das kenne ich auch aus meiner ehemaligen Einrichtung. Immer war es das, was Kinder *sollen*, und gleichzeitig stand der Begriff *lernen* im Vordergrund. Ob Kinder sich dafür interessierten oder nicht, war eine zweite Frage."

Berti: „Dafür besuchen Kinder doch aber einen Kindergarten, um das zu lernen, was sie noch nicht können."

Jule: „Das sehe ich anders. Wenn wir ständig den Kindern vermitteln, das sie etwas nicht können und ihnen etwas vorgeben, was sie gar nicht interessiert, dann wundert es mich nicht im geringsten, daß die Kinder mit der Zeit *ihren* Kindergarten mehr als einen Ort von Erwachseneninteressen ansehen als eine Stelle, zu der sie entsprechend gerne kommen."

Monika: „Ich glaube sogar, daß die sogenannte „Kindergartenmüdigkeit", die wir bei vielen der ehemaligen Kinder erlebt haben, daher rührt, daß wir Kinder mit *ihren Bedürfnissen und Interessen* zu wenig beachtet haben."

Berti: „Ich finde es nicht gut, wenn Kinder alles machen können und dürfen, was sie wollen. In einem Kindergarten, in dem ‚antiautoritär' gearbeitet wird oder gar eine ‚laissez-faire-Erziehung' zur Realität wird, will und werde ich nicht arbeiten."

Beate: „Das wollen wir mit Sicherheit alle nicht! Laßt mich noch einmal auf den Punkt kommen: Mir geht es darum, die Kinder aktiv an der Gestaltung der Tage zu beteiligen, zu bemerken und aus gezielten Beobachtungen abzuleiten, womit sich Kinder auseinandersetzen. Wenn wir dagegen *unsere* Themen und Programmpunkte den Kindern überstülpen – und das ist es doch in den meisten Fällen, weil die Angebote von *uns* kommen –, dann machen Kinder die Erfahrung, daß sie letztlich in drei verschiedenen Welten leben: in ihrer eigenen Welt, in der ihres Zuhauses und der des Kindergartens. Von Ganzheitlichkeit kann dann in der Praxis nicht mehr die Rede sein."

Soweit der kurze Gesprächsausschnitt.

Entscheidend sind in dieser Phase der Auseinandersetzung folgende Punkte, die noch einmal grundsätzlich im Überblick dargestellt werden sollen:

a) Eine Pädagogik, die „vom Kinde ausgeht", berücksichtigt die Biographien der Kinder weitaus mehr als eine Erziehung, in der Jahreszeiten oder andere Außenimpulse (!) zum Thema erklärt werden.

b) Wenn der Erziehungsauftrag des Kindergartens so verstanden wird, daß Kinder sich häufig auf Angebote (!) einzustellen haben, besteht unweigerlich die Gefahr, daß sie in einer immer stärker ausgerichteten Konsumhaltung verweilen und letztlich erwarten, daß andere für sie sorgen. Eine Pädagogik vom Kinde aus läßt Kinder demgegenüber erfahren, daß sie beteiligt sind und für ihr Wohlbefinden, ihren Ärger, ihre Wut und Traurigkeit genauso *mitverantwortlich* sind wie für ihre Angst oder ihre Freude.

c) Wenn der Bildungsauftrag im Kindergarten als eine vorgezogene, vorschulische Erziehung angesehen wird, erlischt automatisch die notwendige Eigenständigkeit des Kindergartens, und Kinder werden in ihren Kindheiten eingegrenzt. Der Bildungsauftrag des Kindergartens ist demgegenüber

in einer Pädagogik, die sich als eine Entwicklungsbegleitung versteht, der Versuch, Kinder als das zu
begreifen, was sie sind: Menschen, die zwar kleiner in ihrer Körpergröße sind als Erwachsene, aber
nicht geringer in ihren Wünschen und Hoffnun-
gen, sich in ihren vielfältigen Möglichkeiten auszuprobieren, neugierig zu sein, ihre Kindheit zu genießen, Fehler machen zu können und gleichzeitig
die Sicherheit zu erleben, daß sie etwas können.

d) Entwicklungsbegleitung von Kindern läßt diese
die Erfahrung machen, daß „Lernen" nicht durch
kognitive Lernprogramme oder „Förderstunden"
geschieht, sondern daß durch ihr praktisches Tun,
das Arbeiten und Probieren in Projekten, im Umgang mit Werkzeug und beim Bau von Musikinstrumenten, beim Herstellen von selbstgemachten
Spielgegenständen und beim gemeinsamen Gestalten des Gartens, beim Umstellen und Neugestalten
des Gruppenraumes, beim gemeinsamen Einkauf
der benötigten Arbeitsmittel und bei der Mithilfe
beim Kochen und Backen, beim Errichten ihrer
Spielhäuser und bei der Planung sowie Durch-
führung ihrer Feste das „Lernen nebenbei" geschieht. Erziehung meint in erster Linie ein „Lernen
über den Kopf", Entwicklungsbegleitung hingegen
trägt der Bedeutung Rechnung, daß „Lernen"
durch praktische Erfahrung vollzogen wird.

e) Entwicklungsbegleitung von Kindern setzt sich
den hohen Anspruch, Kinder nicht mit einer „Er-
wachsenenkultur" zu überfrachten, sondern offen
für eine „Kinderkultur" zu sein. Wenn beispielsweise Kinder mit ihren liebgewonnenen Plastikfiguren

spielen, dann muß es darum gehen, den Wert *ihrer* Spielkultur zu verstehen *und* den Rahmen zu schaffen, daß Kinder *mit* ihrer Spielkultur regelrechte Szenarien aufbauen können, mit selbstgemerkten Raumstationen, mit unterirdisch verlegten Geheimgängen, mit Zugbrücken über Wasserflächen etc. Gerade durch das ausdrucksvolle Spiel gelingt es Kindern am besten, ihre Sprache zu finden, um dann die Wahrnehmung auf andere Themen oder Materialien lenken zu können. So wichtig in diesem Zusammenhang der Begriff „Freispiel" ist, so notwendig ist das Verstehen des Wortes in seinem ursprünglichen Sinn, „sich frei-zuspielen" von Spannungen und Erlebnissen, Eindrücken und Ängsten, Irritationen und belastenden Ereignissen.

f) Erziehung ist gerade in der Kindergartenarbeit der Versuch, Kinder in ihrem Begreifen-Wollen auf das „Richtige" hinzulenken. Dabei wird allzu schnell vergessen, daß Kinder ihre Ausdrucksmittel haben. Die Folge ist schnell ausgemacht: es kommt zu einer Polarisierung von „richtig und falsch", „angemessen und unangemessen", „gut und böse", „erlaubt und verboten". Was bleibt, ist ein mehr oder wenig starker „Machtkampf" (in nicht wenigen Fällen sogar ein „Stellungskrieg"), bei dem es immer Sieger und Verlierer geben muß. Eine niederlagenlose Entwicklungsbegleitung versucht stattdessen, nicht *für* Kinder zu denken oder *an* ihnen zu arbeiten, sondern vielmehr *mit* ihnen nach Wegen zu suchen, Probleme zu lösen, Trauer zu teilen und Freude gemeinsam auszukosten.

g) Entwicklungsbegleitung nimmt die „Rechte von Kindern" ernst – so, wie sie von der Bundesrepublik Deutschland in der „UNO-Convention on the rights of the child" ratifiziert wurden, wie sie in deutlicher Art und Weise vor über 70 Jahren von dem großen polnischen Reformpädagogen Janusz Korczak aufgestellt und in ähnlicher Weise von Maria Montessori verwirklicht wurden. Reformpädagogik hebt sich sehr deutlich von jeder Form einer „laissez-faire" Haltung oder einer „antiautoritären Pädagogik" ab, geht es doch im ersten Fall darum, Kinder sich selber zu überlassen und im zweiten Fall, aus politischen Dogmen heraus Kinder in bestimmter Richtung zu lenken. Beides wird innerhalb einer Entwicklungsbegleitung abgelehnt.

Was demgegenüber im Vordergrund steht, ist der ernsthafte Versuch, die Individualität von Kindern mehr zu beachten als eine Ordnung innerhalb der Einrichtung, nach der sich Kinder richten müssen. Ordnungen haben dann ihren Sinn und ihre hohe Berechtigung, wenn sie Kindern helfen, sich zu entwickeln. Nicht auf eine von Erwachsenen formulierte Zukunft hin als vielmehr auf die Gegenwart von Kindern.

Vielleicht betrachten einige LeserInnen die Auseinandersetzung um die Begriffe „Entwicklungsbegleitung statt Erziehung" als ein bloßes Wortspiel, andere wiederum als den ernsthaften Versuch, Aussagen und Worte der Elementarpädagogik auf ihren eigentlichen Sinngehalt zurückzuführen.

● Kindzentrierte Arbeit findet dort ihren Niederschlag, wo Kinder sich verstanden fühlen.

● Eine „Arbeit vom Kinde aus" greift die Ausdrucksmöglichkeiten von Kindern auf und versucht, diese in das gemeinsame Leben und Lernen zu integrieren.

● „Ganzheitliche Erziehung" wird dann zur Praxis, wenn Kinder nicht in ihre „Entwicklungsbereiche" aufgesplittet werden (Sprachförderung bei Sprech-/Sprachauffälligkeiten), sondern Projekte und Tagesabläufe die Kinder in ihrer Ganzheit leben lassen.

● „Mit den Stärken von Kindern zu arbeiten" heißt in der täglichen Praxis, auf das zu schauen, was Kinder können und nicht das herauszustellen, wo Kinder sich als „unfertig, fehlerhaft, schlecht" erleben müssen.

● „Mit den Kindern zu leben" eröffnet den Erwachsenen die große Chance, sich selber als ständig Lernende zu begreifen und staunend die Leistungen von Kindern zu bewundern.

Erinnert sei in diesem Zusammenhang an die folgende, großartige Aussage:

Die Ordnung der Dinge
muß der Ordnung der Person
dienstbar gemacht werden
und nicht umgekehrt.
II. Vatikanisches Konzil.
Konstitutien:
Kirche in der Welt von heute

> **Das wichtigste Haus baut sich
> der Mensch in seiner Seele.
> Und es ist ein Haus,
> das nicht im Feuer verbrennt
> und nicht im Wasser untergeht.
> Dauerhafter ist es
> als Ziegelsteine und Diamanten.**
>
> *Fjodor Abramow*

2. Was Kinder brauchen, um sich zu entwickeln

So sicher, wie sich eine gute Entwicklung von Kindern weder in einem grenzenlosen Raum noch in einem starren und festgeschriebenen, eingeengtem Regelgewirr vollziehen wird, so notwendig ist es, darüber nachzudenken, was Kinder brauchen, um in ihrer Entwicklung voranzukommen. Die nun folgenden Merkmale sollen versuchen, die wesentlichen Voraussetzungen deutlich zu beschreiben.

Respekt und Achtung.
Der Kindergarten als ein Ort der Wertschätzung

Nele, fünf Jahre alt, malt seit vielen Tagen im Kindergarten immer wieder ein ähnliches Bild. Ganz unten, in der linken Bildecke, wird ein kleines Häuschen gezeichnet, das weder Türen noch Fenster besitzt. Rechts daneben türmt sich ein großer, schwarzer Berg in die Höhe und überragt das Haus um ungezählte Längen. Eine winzige Sonne schickt sehr vorsichtig ihre zarten Strahlen aus, und der vom Himmel fallende Regen überdeckt das ganze Bild mit seiner Nässe. Sowie Nele mit ihrem Bild fertig ist, steht sie langsam auf, schlendert zu ihrer Erzieherin, legt es ohne Worte vor sie hin und wartet ab. Marita nimmt das Bild und fängt an, mit leisen Worten zu *beschreiben*, was sie sieht: „Nele, du hast mir das Bild hingelegt und möchtest gerne, daß ich es sehe. Ganz viel ist darauf zu erkennen. Da sehe ich ein Haus, das sehr klein gemalt ist. Es hat weder Türen noch Fenster, keinen Schornstein und keinen Rauch. Aber es steht fest auf dem Boden. Daneben ist ein Berg. Schwarz und mächtig ist er größer als alles andere auf deinem Bild. Und überall fällt Regen vom Himmel und bedeckt deine ganze Landschaft. Die Sonne schaut nur ein bißchen vor. Ihre Strahlen können das Haus und die Erde nicht berühren. Das hat sicherlich einen ganz bestimmten Grund. Vielleicht möchtest du mir etwas zu dem Bild erzählen, vielleicht auch nicht." Nele kuschelt sich vorsichtig an Marita, schiebt sich auf ihren Schoß und flüstert ihr leise ins Ohr: „Weißt du, der Berg ist so riesengroß, daß das Haus immer so klein bleiben muß. Der Berg kann auch schimpfen, und dann bückt er sich runter zu dem Haus und ärgert es. Selbst die Sonne hat Angst vor dem Berg. Mit seiner Spitze kann der die Sonne kaputtschlagen. Der Regen kommt aus dem Himmel und macht das Land naß." Nele umfaßt mit beiden Händen und Armen den Kopf von Marita und beginnt zu schaukeln.

Die Erzieherin hat sich in der Vergangenheit über eine lange Zeit sowohl ausführlich mit verschiedenen Büchern über die Psychologie von Kinderzeichnungen auseinandergesetzt als auch entsprechende Fortbildungsseminare zum Thema besucht. Sie spürt, daß Nele mit ihrem Bild etwas *erzählen* möchte, aber auch etwas *auszudrücken* versucht, was mit ihren Lebenserfahrungen zu tun hat. Da Marita bekannt ist, daß jedes Bild *aus dem Fühlen* heraus gezeichnet wird, verzichtet sie auf Fragen. Genau diese würden dazu beitragen, daß das Kind sich *erklären* müßte und ihm vermitteln, daß seine Erzählung nicht verständlich war. Marita verzichtet auch auf Anmerkungen, daß Häuser doch eine Türe und Fenster besitzen, einen Schornstein auf ihrem Dach tragen und Häuser insgesamt größer sind. Respekt und Achtung vor Kinderzeichnungen heißt damit gleichfalls, keine Kategorien von „richtig und falsch" ins Gespräch zu bringen, weil die Bilder der Kinder Spiegelbilder ihrer Seele sind. Diese ähneln immer dem Original, dem Kind, und es wird ihm zugestanden, eigene und somit „richtige" Gefühle zu spüren und auf das Papier zu übertragen.

Marita unterläßt es auch, den Namen des Kindes bzw. das Thema auf das Blatt Papier zu schreiben. Sie kann sich daran erinnern, daß bei einer ihrer Fortbildungstage davon gesprochen wurde, Kinderzeichnungen kämen den Tagebucheintragungen von Erwachsenen gleich. Sie selber würde sich auch dagegen wehren, wenn eine zweite Person einfach bestimmte Notizen in ihr Tagebuch dazusetzen würde. Anders ist es selbstverständlich, wenn Kinder darum bitten.

Nach zehn Minuten steigt Nele von Maritas Schoß und legt ihr Bild in ihr Fach. Als der Vater seine Tochter am frühen Nachmittag abholt, greift Nele ihr Bild und überreicht es dem Vater. Er schaut es sich an und meint schließlich zu Nele: „Solche Bilder hab ich doch schon von dir bekommen. Kannst du nicht mal was anderes malen als immer nur diesen schwarzen Berg?"

Nele reagiert traurig, weil sie sich ganz offensichtlich unverstanden fühlt. Sie nimmt ihr Bild zurück, läuft zu Marita und bittet diese, das Bild mit nach Hause zu nehmen und zu verstecken. Die Erzieherin kann sich die Reaktion des Vaters vorstellen, die seine Tochter dazu brachte, ihr das Bild zu schenken und entscheidet sich, einerseits ein Gespräch mit den Eltern zu führen, andererseits einen Themenelternabend zur „Bedeutung des Malens und Zeichnens für Kinder" anzubieten.

Nele hat sehr deutlich den Respekt ihrer Erzieherin

bemerkt und auch die Achtung vor ihrem Bild erfahren. So, wie ich gemalt habe, durfte ich malen.
Das, was ich gemalt habe, war richtig und gut. Wie
ich gemalt habe, wurde nicht kritisiert und wozu
ich das gemalt habe, mußte ich nicht erzählen.

Marita wiederum fühlt sich erneut in ihrem Wissen
bestätigt, daß Kinder mit jedem Bild einen Zu-
standsbericht ihrer Seele offenbaren, und sie be-
greift den Aussagewert dieser Zeichnung. Gleichzeitig sieht sie erneut ihre Entscheidung untermau-
ert, auf vorgegebene Themenzeichnungen
grundsätzlich zu verzichten, weil alle Gegenstände
und Situationen ihre besondere Symbolbedeutung
für Kinder haben. Zeichnungen der Kinder ent-
sprechen gleichsam inneren Impulsen, die nach
außen getragen werden. Von außen gerichtete Erwartungen beim Malen von Bildern zerstören
Stück für Stück eine selbstgespürte Wahrheit von
inneren Vorstellungen (und damit der Bilder).

Die Aufgabe der Umgebung
ist es nicht,
ein Kind zu formen,
sondern ihm zu erlauben,
sich zu offenbaren.
Maria Montessori

Kinder erfahren den Respekt der Erwachsenen
und die Achtung vor ihrer Entwicklung zuallererst
dadurch, daß sie als Person, Mensch, Individualität
wahrgenommen werden. Sehr schnell wird in der
„Erziehung" davon gesprochen, daß jedes Kind mit

seinen Besonderheiten gesehen und akzeptiert wird. Und dennoch weisen viele alltägliche Beispiele auf einen Widerspruch zur Praxis hin. Immer wieder müssen wir uns verdeutlichen, daß *jedes* Kind *seine eigene* Biographie hat, mit seinen Lebensbedingungen *subjektive* Erfahrungen macht und sich daher auf der Grundlage *eigener* innerer Bewertungen dieser Lebensumstände individuell entwickelt.

Kein Kind ähnelt in entsprechender Weise einem anderen, so wie jeder Fingerabdruck ein unverwechselbares Merkmal im Unterschied zu allen anderen Menschen darstellt. Was heißt daher eine „altersentsprechende Entwicklung"? Respekt und Achtung den Kindern gegenüber zu haben, verlangt die Fähigkeit von Erwachsenen, gerade auf Vergleiche zu verzichten.

Stellen wir uns einmal die Situation vor, Neles Bild würde in ihrer Anwesenheit mit dem Bild eines anderen Kindes verglichen werden. Dabei würde gesagt, daß z.B. Jennifers Bild wegen der gewählten Farbenvielfalt viel lustiger wirkt (und Nele würde spüren/denken, daß ihr Leben aber nicht lustig ist); daß Jennifers Bild schon Einzelheiten wie Fenster und Türe im Haus besitzt (und Nele würde denken/spüren, daß ihr Haus aber nicht betreten werden soll bzw. keiner in ihr Haus hineinschauen darf); daß Jennifers Bilder ganz unterschiedliche Themen beinhalten (und Nele würde denken/ spüren, daß sie sich eben jeden Tag mit ein- und demselben Gedanken beschäftigt). Irgendwann würde Nele entweder gar nicht mehr malen (weil sowieso alles verkehrt sein würde, was sie zeichnet) oder heimlich auf kleinen Papierstückchen zeichnen, die sie dann schnell wegwerfen oder verstecken könnte.

Kinder, die mit anderen verglichen werden, können aber auch mit Aggression reagieren, wenn ihnen z.B. des öfteren ein anderes Kind oder ein Gleichaltriger aus der Gruppe als „leuchtendes Vorbild" hingestellt werden würde. „Als Dennis so alt war wie du, Aron, da konnte er schon ruhig am Tisch sitzen. / Wenn Dennis sauer ist, haut er nicht die Klötze auf den Boden wie du, Aron. / Wenn Dennis etwas haben möchte, kommt er zu mir und fragt. Du, Aron, gehst einfach hin und holst dir, was du gerade brauchst. / ...)" Es ist doch verständlich, wenn Aron irgendwann aus seiner Haut fahren und brüllen würde: „*Ich* bin aber nicht Dennis! Ich bin Aron! Ich bin ich!"

Vergleiche nehmen Kindern ihre Individualität, weil sie in gleichem Maße wie Erwachsene den Wunsch haben, sich von anderen zu unterscheiden.[*]

Respekt und Achtung haben auch etwas mit dem Verzicht zu tun, Kinder vor anderen bloßzustellen, lächerlich zu machen oder in ihrer Würde zu verletzen. Das fängt schon damit an, daß in vielen Kindergärten die Toiletten der Kinder zur Decke hin offen sind oder teilweise keine Zwischenwän-

---

[*] Darin liegt auch der Grund, auf altersgemischte Gruppen einen besonderen Wert zu legen im Unterschied zu altersgleichen Kindergruppen. Untersuchungen haben dabei deutlich gezeigt, daß die Konkurrenz- und Machtkämpfe in altersgleichen Gruppen weitaus größer sind als in altersgemischten Gruppen.

de besitzen. Beides muß als eine Respektlosigkeit vor der zu schützenden Intimität von Kindern angesehen werden.

Respekt vor Kindern und die Achtung vor ihrer Körperlichkeit sind dann gegeben, wenn Kinder eine Auswahlmöglichkeit hätten, in abgeschlossen Räumen die Türen zu schließen oder auch geöffnet zu lassen. Entscheidend für Kinder ist *nicht*, ob jemand *schaut,* sondern ob jemand schauen *könnte!* Beispiele aus der Praxis belegen immer wieder, daß dort, wo z.B. die offenen Deckenseiten mit Stoffvorhängen oder einem Baldachin aus Tuch geschlossen wurden, auch Kinder die Toiletten benutzen, die sich bisher standhaft geweigert haben, dies zu tun.

Beobachtungen in vielen Kindergärten zeigen auch, daß es häufig vorkommt, daß MitarbeiterInnen bei dem „Tür- und Angelgespräch" mit Eltern in Anwesenheit der Kinder (!) Vorkommnisse aus dem Tagesablauf erzählen, die Kindern peinlich sind. Können wir uns als Erwachsene gar nicht vorstellen, wie dies auf uns als Kinder hätte wirken müssen?

Kinder, die beim Wasserplantschen im Freien oder beim Schwimmen in der Badeanstalt ihre Kleidung anbehalten möchten bzw. sich weigern, sich auszuziehen, sind in ihrem Wunsch selbstverständlich zu akzeptieren und nicht zu überreden, sich so mutig wie die anderen Kinder zu verhalten.

Ein Kind in seiner Würde zu verletzen, heißt nichts anderes, als ihm einen großen Teil seines Selbstwertgefühls zu nehmen.

Wenn also der Kindergarten als ein Ort der Wertschätzung gilt, in dem mit Kindern mit Respekt und Achtung umgegangen wird, dann kommt der Individualbegleitung eines Kindes eine weitaus stärkere Bedeutung zu als einer Sozial-„Erziehung". Letztere führt schnell zu einer Vermassung von Individuen, in der jedes Kind nur spürt, daß die Gruppe zählt und nicht der einzelne Mensch. Erst wenn ein Kind mit *sich* umgehen kann, kann es auch mit anderen (kleinen und großen) Menschen umgehen. Wenn *ich* glücklich bin, kann ich auch glücklich mit *anderen* umgehen.

Wer diese Ordnung auf den Kopf stellen wollte, leitet seine Wahrheit aus einer Erwachsensicht ab und nicht aus der Entwicklungspädagogik. Kinder, die durch Demütigungen oder Respektlosigkeit erfahren müssen, daß sie wenig wert sind oder eher vieles falsch als richtig machen, lernen entweder zu resignieren (und sind – um im pädagogischen Sprachgebrauch zu bleiben – sogenannte „pflegeleichte Kinder") oder zu kämpfen, nach einer simplen wie folgerichtigen Konsequenz:

● Wenn nicht für mich gesorgt wird, dann sorge ich selbst für mich!

● Wenn ich als Person nicht beachtet werde, dann werde ich mich so verhalten, daß man auf mich achten wird!

● Bevor ich mich weiter verletzen lasse, verletze ich lieber andere!

● Wenn ich nur etwas in der Menge von Menschen zähle, suche ich nach Wegen, mich deutlich aus der Menge abzuheben!

● Wenn mir keine Rechte zugestanden werden, hole ich mir meine Rechte, egal was es kostet!

● Wenn ich grundsätzlich nicht das machen darf, was ich auch möchte, dann mache ich das, was ich will, heimlich!

Viele Kinder, die durch Gewalthandlungen und Aggressivität, Resignation oder Suizidversuche „auffallen", sind fast immer Menschen, deren Würde verletzt oder denen Respekt und Achtung versagt wurde. Ihre eigenen Verletzungen werden daher häufig an andere weitergegeben nach dem Motto: „Geteiltes Leid ist halbes Leid." Im Gegensatz dazu schaffen Respekt und Achtung bei Kindern einen Ausgangspunkt, der zu einem starken Selbstwertgefühl bei ihnen beiträgt. Dies zu erleben läßt Kinder stolz auf das sein, was sie können und hindert sie daran, mit Respektlosigkeit und Geringschätzung im Umgang mit anderen Kindern zu reagieren.

Geheimnisse.
Der Kindergarten als ein Ort des Vertrauens

Katharina und Jana sind schon seit ihrer Aufnahme in den Kindergarten zwei unzertrennliche Freundinnen. Jeden Morgen, wenn die eine vor der anderen im Kindergarten eintrifft, wartet sie geduldig auf ihre „beste Freundin". Kaum, daß beide Mädchen zusammen sind, beginnen sie mit ihrem Spiel. Wie schon in den letzten Tagen ziehen sich Katharina und Jana von der übrigen Gruppe zurück, unterhalten sich flüsternd miteinander, tuscheln über irgendwelche „Geheimnisse" und achten streng darauf, daß ihnen keiner zu nahe kommt, der vielleicht zuhören könnte. Die Erzieherin Anke beobachtet die beiden Mädchen schon seit langem, spürt aber, daß ihre Geheimnisse offensichtlich nicht für eine Öffentlichkeit bestimmt sind und unterläßt es daher, nachzufragen, was es denn so Spannendes miteinander zu bereden gibt. Schließlich kommen beide Mädchen zu ihr, und Jana erzählt mit leiser Stimme: „Also Anke, ich muß dir was erzählen. Du darfst aber niemandem sagen, was ich dir jetzt zuflüstere. Katharina und ich haben gesehen, wie Aron und Nele geschmust haben. So richtig mit Küssen." Dann läuft Jana schnell zu Katharina zurück, und beide kichern sich ins Fäustchen.

Anke ist sich unsicher: Soll sie das, was ihr gerade berichtet wurde, als „Petzen" begreifen, oder ist es tatsächlich ein gutes Geheimnis, das die Mädchen ihr anvertraut haben? Sie hockt sich daher in Augenhöhe vor die Mädchen hin und meint: „Jetzt habt ihr mir ein Geheimnis erzählt und ich weiß gar nicht, was ich damit anfangen soll." „Für dich behalten", prusten beide gleichzeitig los und fügen ganz ernst hinzu: „Wir haben auch gehört, wie Aron meinte, er wolle Nele heiraten. Außerdem finden wir Aron auch ganz nett."

„Wenn Aron und Nele jetzt Freundin und Freund sind, ist es für euch sicherlich schwer, ihm das zu sagen", fügt Anke hinzu. „Er soll das auch nicht wissen, daß wir ihn nett finden!", protestiert Katharina. „Du weißt das jetzt", setzt Katharina den Schlußpunkt, „und das reicht." Die beiden Mädchen gehen zum Maltisch und zeichnen in gemeinsamer Aktion ein Hochzeitsbild.

Kurze Zeit später kommt Aron angelaufen: „Stell dir vor, Anke, als ich mit Dennis eben gespielt hab', riefen Kinder von außen durchs Fenster, ,Aron und Nele sind verliebt'. Und später war das nochmal so. Weißt du, wer mich ärgern will?" Anke überlegt: „Du magst Nele doch gern, und wenn man sich ganz lieb hat, dann kann man auch sagen, daß die beiden verliebt sind." Aron protestiert: „Die schreien das aber so laut, und das will ich nicht. Kannst du nicht aufpassen, wer das ist?" Aron schaut Anke mit großen Augen an. „Nein", erwidert sie, „das mußt du schon selber machen. Vielleicht waren das Kinder, die dich auch mögen und dich zum Freund haben wollen." Aron guckt überrascht und nickt zustimmend: „Ja, das könnte sein. Jetzt mach ich aber mit Dennis in der Bauecke weiter."

Kinder vertrauen ihren ErzieherInnen viele Geheimnisse an – kleine und große, dramatische und erfreuliche, belastende und entspannende. Immer geht es darum, daß Kinder auf der Suche nach Menschen sind, denen sie etwas anvertrauen können und ihr Geheimnis in guten Händen wissen. Geheimnisse sind etwas außergewöhnlich Wichtiges! Sie tragen in sich eine Spannung und leben von der Zwiespältigkeit, sie einerseits zu verkünden nach dem Motto: „Ich weiß etwas, was du nicht weißt", andererseits das Geheimnis bewahren zu wollen, um diese Spannung zu erleben. Geheimnisse sind der Besitz (!) einer geheimen Verschlußsache, die man nur selber kennt, und diese auch nur besonders guten Freunden weitererzählt unter dem großen Siegel der Verschwiegenheit. Selbstverständlich ist an dieser Stelle die Rede von sogenannten „guten Geheimnissen", die davon leben, ein Kribbeln im Bauch auszulösen.

Anke hat das erfahrene Geheimnis von Katharina und Jana nicht an Aron weitererzählt, weil sie allen Kindern die Sicherheit schenken möchte, daß ihr zu vertrauen ist!

ErzieherInnen, die sich deutlich und grundsätzlich dafür entscheiden, Geheimnisse zu bewahren – dasselbe gilt für den Umgang der MitarbeiterInnen im Team –, machen sich damit zu einem klaren Bündnispartner von Kindern und nicht von anderen! Viele Beispiele aus der Kindergartenpraxis lassen dagegen häufig ein anderes Bild erkennen, beispielsweise dann, wenn Eltern etwas über ihre Kinder erfahren wollen und ihnen zu schnell etwas aus dem Alltag der Kinder berichtet wird. Bündnispartner von Kindern legen sich fest, zunächst den Kindern verpflichtet zu sein. Wenn beispielsweise ein Kind eingekotet oder eingenäßt hat, ist und bleibt es ein Geheimnis zwischen Kindern und „ErzieherInnen". Wenn es des öfteren vorkommt, kann die „Erzieherin" das Kind fragen, ob sie es gemeinsam dem abholenden Elternteil sagen wollen oder nicht.

Wenn ein Kind etwas im Kindergarten zerstört hat, wird selbstverständlich versucht, den Schaden gemeinsam zu beheben, um dann z.B. bei größeren Schäden abzusprechen, ob man es – und wenn ja, wer es wann den Eltern sagt. Kinder brauchen das Gefühl, daß nichts hinter ihrem Rücken ausgetragen oder weitergegeben wird, weil sie dann deutlich spüren, daß Geheimnisse des Alltags jederzeit ausgeplaudert werden könn(t)en. Ein entstehendes Mißtrauen treibt Kinder automatisch in eine Haltung des Zweifelns und dieses Klima führt zusätzlich dazu, daß neue Spannungen entstehen und gefundene Sicherheiten ins Schwanken geraten.

Geheimnisse zu akzeptieren erfüllt auf seiten der Kinder auch ihren Wunsch, Dinge unausgesprochen stehenlassen zu können, ohne sich rechtfertigen oder erklären zu müssen.

Ereignisse, Geschehnisse oder Erfahrungen, die mit deutlichen Belastungen verbunden sind, können häufig nicht sofort von der Seele geredet werden, sondern benötigen eine Zeit der Ruhe, damit sich Kinder – ebenso wie Erwachsene – damit auseinandersetzen können, ob, wem, was und wie von einer Belastung berichtet wird. Drängelnde, inquisitorische Fragen laufen letztendlich darauf hinaus, daß sich der Ausgefragte unter Druck gesetzt fühlt antworten zu müssen, ohne daß er den inneren Wunsch hat, etwas preiszugeben. Wo dies dennoch versucht wird, verliert ein Gespräch in seinem guten Sinne an Bedeutung.

Zeit.
Der Kindergarten als ein Ort
ungeteilter Zeiten

Theresa und Oliver, fünf und sechs Jahre alt, haben sich am Vormittag entschieden, in der Verkleidungsecke ihres Gruppenraumes zu bleiben. Dabei betrachten sie zunächst alle Kleidungsstücke, die auf Bügeln aufgehängt an einer langen Stange hängen, die Hüte und Schals, die auf einem großen Wandregal liegen und die Perücken, die auf gehärteten Luftballons aufliegen. Beide Kinder halten sich schließlich Kleidungsstücke vor den Körper und fantasieren, was ihnen gutsteht und was sie für ihr Spiel brauchen. Schließlich beginnen sie, sich mit den Utensilien anzukleiden und sind eifrig damit beschäftigt, ihre Vorstellungen mit den gegebenen Möglichkeiten in Übereinstimmung zu bringen. Zum Schluß sind sie kaum wiederzuerkennen, zumal sie zusätzlich ihre Gesichter mit Körperfarbe überdeckt haben. Ein Blick auf die Uhr zeigt, daß die gesamte Prozedur fast eine Stunde in Anspruch genommen hat. Nun beginnt ihr Spiel. „Vater" und „Mutter" begeben sich nach draußen, stellen Stühle und einen Tisch zurecht, besorgen sich aus der Küche Gläser und Saft und planen ihren nächsten Urlaub. Papier und Buntstifte werden genutzt, um die möglichen Reiseziele aufzumalen (ein Blatt mit viel Wasser und einer Insel, ein weiteres Blatt für wilde Tiere und ein drittes Blatt für eine Autotour durch die Berge). Zwischendurch kommen andere Kinder aus der Gruppe hinzu und werden als „Kinder der Eltern" in das Rollenspiel miteinbezogen. So wird ihnen erklärt, wohin es dieses Jahr gehen könnte, und die Kinder sind gefragt, ihre Meinung zu sagen. „Sicherlich können wir in die Berge fahren, aber da ist es einfach zu gefährlich" antwortet Theresa auf den Wunsch eines „ihrer Kinder", in Österreich den Urlaub zu verbringen. „Wie wäre es, wenn wir alle nach Afrika fahren?" unterbreitet Oliver seinen Vorschlag und zeigt „seinen Kindern" dabei das Bild mit den wilden Löwen, Elefanten und Affen. „Nein, das kommt nicht in Frage", kontert Theresa, „unser Kind ist dafür noch nicht alt genug. Es klettert aus dem Wagen und wird dann gefressen. Ich schlage vor, ans Meer zu fahren. Da kann unser Kleiner im Sand spielen, wir können lesen und grillen. Dabei geht es uns allen gut."

Die Kinder merken gar nicht, daß sie mit ihrem Rollenspiel den ganzen Vormittag verbracht haben. Dorothea, die Erzieherin, tritt auf die Kinder zu und meint: „Eure Eltern sind gerade gekommen und möchten euch abholen. Vielleicht möchtet ihr ja eure Kleidung anbehalten und zu Hause weiterspielen. Allerdings müßt Ihr daran denken, die Sachen morgen wieder in den Kindergarten mitzubringen." Theresa und Oliver stürzen in den Flur, fragen ihre Eltern und ziehen glücklich mit ihnen – so wie sie sind – nach Hause.

Obgleich sich Dorothea mit einem großen Teil ihrer Gruppe am Vortag darauf geeinigt hatte, aufgrund der erzählten Urlaubserlebnisse einen großen Berg an mitgebrachten Urlaubsfotos anzugucken, miteinander von Erlebnissen zu erzählen und mit einer riesigen Urlaubscollage zu beginnen, ist es ihr nicht schwergefallen, Theresa und Oliver aus dem Projekt „aussteigen" zu lassen. Sie hat deutlich gemerkt, daß schon die Planungsdiskussion offensichtlich bei den beiden Kindern Erinnerungen/Erfahrungen ausgelöst hat, die erlebten Urlaubsvorbereitungen ihrer Eltern nachzuarbeiten. Sie sagt sich selber, daß es wenig effektiv zu sein scheint, die Kinder aus ihren Erinnerungen herauszureißen und für etwas zu motivieren, was für sie im Augenblick von geringerer Bedeutung ist. So zeigte auch die Praxis, daß ihre Entscheidung völlig richtig gewesen war.

Dorothea erinnert sich an die langen Teambesprechungen, in denen es darum ging, den Tagesablauf im Kindergarten so beizubehalten, wie er immer schon gestaltet war (Freispiel – gemeinsames Frühstück – Zähneputzen – angeleitete Tätigkeit – Freispiel – Aufräumen) oder aber eine Form mit Kindern zu probieren, die einem ungeteilteren Zeitmaß eher entspricht:
● Freispiel oder individuelle Weiterarbeit am laufenden Projekt,
● freiwillige Teilnahme am Morgenkreis,
● Weiterarbeit am Projekt,
● freiwillige Teilnahme am Abschlußkreis.

Das Frühstück wird in seinem Zeitpunkt von jedem Kind einzeln gewählt, wobei es durchaus feste Regeln gibt:

● Das Frühstück findet an dafür bestimmten Tischen statt.

● Die Tische sind als Frühstückstische deutlich zu erkennen (Tischdecken, Blumen, Servietten).

● Jedes Kind holt sein Geschirr (das selbstverständlich nicht aus Plastik besteht), deckt auf und spült es nach Gebrauch in einer bereitgestellten Wanne kurz ab, um es dann auf eine Trockenablage zu stellen.

Ihre Beobachtungen haben ergeben, daß Kinder sich fast immer zu kleinen Frühstücksgruppen verabreden und dann gemeinsam zum Frühstücksplatz gehen.

Um mit den Kindern die Attraktivität des Frühstücksplatzes zu erhöhen, haben sie sich zwei große Sonnenschirme einer Firma besorgt, den Firmenaufdruck mit Stoffarbe überdeckt und so aufgestellt, daß die Frühstückstische unter den Sonnenschirmen ihren Platz gefunden haben. Da es in ihrem Gruppenraum recht eng ist, stehen die Frühstückstische mit den Sonnenschirmen im großen Flur. Letztlich ist dieser Platz damit auch zu einem Kommunikationsort geworden, der gruppenübergreifend genutzt wird, und die Gruppen, die früher eher kleine, abgeschlossene Inseln waren, haben sich bewußt geöffnet. Damit die Kinder, die draußen spielen, auch eine kleine Erinnerungshilfe für die Möglichkeit des Frühstückens bekommen können, hat Dorothea mit den Kindern und einigen Eltern einen kleinen Fahnenmast im Garten aufgestellt, an dem eine aufgespannte Flagge mit einem aufgemalten Brötchen/einem Glas Milch aufgezogen ist. Geht die Zeit dem Abholen entgegen, wird die Flagge auf „Halbmast" gesetzt und die Kinder wissen, daß dann, wenn sie unten angelangt ist, ein Frühstücken nicht mehr möglich sein wird.

„Kein Kind wird bei uns zum Frühstück gezwungen oder überredet", fügt Dorothea hinzu. Für sie und alle anderen MitarbeiterInnen ist die klare Entscheidung gefallen, daß die Einnahme des Frühstücks immer mit einer Freiwilligkeit verbunden ist. Sie weiß, daß gerade durch subjektive Eßgewohnheiten vieler Erwachsener und damit verbundener Eßvorstellungen zum Frühstück Kinder des öfteren keine Beziehung mehr zu ihrem Hunger haben, sondern daß vielmehr die vorgegebene Frühstückszeit und eine besondere Vorstellung einer Mindestmenge an Essen das Verhältnis zum eigenen Eßwunsch verdecken. So ist es für Kinder selbstverständlich ebenso möglich, gar nicht zu frühstücken, wobei die mitgebrachten Brote auf ein „Eßregal" in einen Korb gelegt werden können, damit andere Kinder dann dieses abgegebene Brot verspeisen können. Das Team hat sich aus dem Grunde dazu entschieden, um nicht der Tatsache Vorschub zu leisten, daß mitgebrachte und nicht gegessene Butterbrote heimlich versteckt oder weggeworfen werden, weil sich Kinder aus Angst vor ihren Eltern, denen sie ihre Brottasche zeigen

müssen, möglicherweise zu diesem Schritt ge-
drängt fühlen könnten.

Manche Kinder genießen es auch, längere Zeit nur
am Frühstückstisch zu sitzen, andere Kinder zu beobachten oder einfach eine Zeit des „Nichts-Tuns"
zu erleben.

Dadurch, daß der Kindergartenalltag nicht mehr
durch zerrissene Zeiten und terminierte Zeitphasen
aufgeteilt ist, hat sich das Klima des entspannteren
Spiels deutlich in positiver Richtung verändert.
Kinder können *ihren Zeitrhythmus* finden und erleben, ohne das Gefühl zu haben, bedrängt zu
werden. Langsamkeit wird zugelassen und kann
dadurch aus seiner völlig zu Unrecht bestehenden
negativen Bewertung in einem positiven Licht be-
trachtet werden. *Entwicklung braucht Zeit, und
Langsamkeit ist der Ausdruck einer sich vollziehen-
den Entwicklung.* Nicht das Schnelle, das Hekti-
sche oder die Menge an Angeboten, die mit Kindern geleistet wurden, ist ein Qualitätsmerkmal
von Arbeit, sondern die den Kindern geschenkte
Möglichkeit, mit ihrer benötigten Zeit das Wesentliche mit sich bzw. anderen zu genießen. Kinder
erfahren in zunehmendem Maße, daß sie in einer
„Zeit mit Streß" groß werden: So heißt es schnell:

„Zieh dir bitte endlich die Jacke an, wir wollen
nach draußen!" oder:

„Beeil dich bitte mit dem Frühstück, wir müssen
abräumen." oder:

„Kannst du nicht etwas schneller deine Zähne
putzen, wir wollen an die Tische und weiter-
malen."

„Hör bitte mit dem Spielen auf und räume auf.
Deine Mutter holt dich gleich ab."

Vielleicht muß Micha Hilgers beigepflichtet werden, wenn er sagt:

> Da ist noch etwas,
> vielleicht das Wichtigste
> und Schmerzlichste,
> was gesagt werden muß:
> Der unüberwindbare Unterschied
> zwischen uns Erwachsenen
> und unseren Kindern
> ist der:
> Kinder haben mehr Zeit.

Geteilte Zeiten, in denen ein Tagesablauf nach
Stunden aufgeteilt ist und dann mit entsprechenden Tätigkeitsangeboten ausgefüllt sein wird,
reißen bei Kindern vieles an, ohne daß Tätigkeiten
zu Ende geführt werden können. Ein Vergleich
scheint durchaus angebracht: Kinder sind wie
Fahrgäste in einem Schnellzug. Sie schauen aus
den Fenstern und kaum, daß ihre Augen etwas er-
blicken, gerät schon ein neues Bild in das Sicht-
feld. Angerissene Tätigkeiten oder Eindrücke lassen Kinder die Erfahrung machen, daß „Sich-Zeit-
Lassen" ein Merkmal darstellt, das zu den abge-
schobenen Gütern dieser Welt gehört. Gleichzeitig
wird aber von Eltern oder später einmal der Schule erwartet, daß Kinder *Konzentrationsfähigkeit*
besitzen und sich für bestimmte Zeitspannen auf
vorgegebene oder selbstgewählte Tätigkeiten ein-

lassen. Niemand bemerkt dann den Widerspruch zwischen dem, was Kinder früher erfahren haben (= geteilte Zeiten) und in Zukunft zeigen sollen (= zeiterfüllende Aufmerksamkeit). Zeit schafft Räume für Wahrnehmungstiefen, in denen Kinder nicht oberflächlich auf Dinge sehen, sondern intensiv einen Gegenstand oder eine Tätigkeit begreifen können. So ist es auch mit Kindern, die – neu in einem Kindergarten oder vollbeladen mit vielen Eindrücken – „nur" in der Ecke eines Raumes stehen und bei sich sind. Das Wort „nur" stellt eine Abwertung dar. Vielleicht ist das Kind dabei, Zeit zu *nutzen*, sich mit inneren Vorgängen gedanklich oder emotional auseinanderzusetzen. Vielleicht schwirren so viele Gedanken in seinem Kopf herum, daß es die Möglichkeit genießt, einmal keine beobachtbare Handlung zu vollziehen bzw. durchführen zu müssen.

Eine Anmerkung sei in diesem Zusammenhang gestattet: gerade Kinder, die durch äußere Einflüsse oder seelische Belastungen „auffällig" sind, werden nicht selten mit zusätzlichen Therapieprogrammen oder Übungsstunden in ihrer freien Zeit belegt: „logopädisches Üben, psycho-motorische Trainings, Wahrnehmungsförderung, Konzentrationsübungen oder Haltungsturnen" gehören im Kindergarten nicht selten zum Angebotsrepertoire wie zu Hause der Sportverein und der Schwimmkurs, das Ballett, die musikalische Frühförderung oder autogene Übungsstunden. Wenn Kinderzeiten eher einem Terminplaner eines Erwachsenen ähneln, wird ihre Kindheit deutlich beschnitten. Eine starke

„Verpädagogisierung" bzw. „Vertherapeutisierung" nimmt Kindern die ungetrübte Möglichkeit, sich mit ihren Freundinnen und Freunden frei zu verabreden, weil alle Maßnahmen auf die Zukunft eines Kindes gerichtet sind. Dabei wird schnell vergessen, daß Kinder in der *Gegenwart* leben und diese mit Zeit ausfüllen möchten. Mit *ihrer* Zeit – nicht mit der Zeit, die Erwachsene für sie ausplanen. Es kann durchaus hilfreich sein, daß Kinder aufgrund besonderer Schwierigkeiten eine besondere Hilfe benötigen, doch zeigt sich eine begleitende Entwicklungsunterstützung nur dann als besonders angemessen, wenn die „externen Fachleute" (LogopädInnen, MotopädInnen, SprachheillehrerInnen, ÜbungsleiterInnen etc.), die das Recht erhalten, während der Kindergartenzeit mit bestimmten Kindern zu arbeiten, sich mit den ErzieherInnen vor den Treffen über die Arbeit austauschen. In der Praxis bedeutet das, daß die externen Fachleute ihre Arbeit mit dem Projektthema verknüpfen und die Kinder dadurch eine Möglichkeit bekommen, ihre unterschiedlichen Erfahrungen zu verbinden. Kinder denken *ganzheitlich* und werden sich ständig fragen (müssen), was das eine (z.B. das konzentrierte Gehen auf einem geraden Kreidestrich während der motopädischen Übungsstunde) mit dem anderen (z.B. mit dem Herstellen einer Urlaubscollage am Kindergartenvormittag) zu tun hat, geschah es doch beides während des Aufenthaltes im Kindergarten.

Ein *integratives Arbeiten* der unterschiedlichen Fachkräfte macht letztlich eine Integration vor Ort aus. Ein aneinandergefügtes, lediglich zueinandergesetztes Nebeneinander unterschiedlicher Tätigkeiten gibt Kindern den Eindruck, die Welt bestehe nur aus einzelnen Schaufenstern, die nacheinander für kurze Zeit aufgeklappt werden und immer verschiedene Angebote zeigen.

Wenn man Kinder mit Wissen vollstopft:
Was heißt das anders, als in einem fort
einen Acker mit Samen auf Samen vollsäen?
Daraus kann wohl ein toter Kornspeicher,
aber kein lebendiges Erntefeld werden.
Oder – in einer anderen Gleichung –
eure Uhr steht so lange, als ihr sie aufzieht;
und ihr zieht die Kinder ewig auf
und laßt sie nicht gehen.
Jean Paul

Verständnis und Verläßlichkeit. Der Kindergarten als ein Ort der Akzeptanz und Sicherheit

Jonathan kommt an diesem Morgen völlig durcheinander und zerknirscht in den Kindergarten: „Gar nichts darf ich zu Hause. Immer, wenn ich noch spielen will, sagt Mama, ich soll gefälligst aufhören. Und mein Spielzeug darf ich auch nicht mitnehmen. Dabei würde ich so gerne meine Rangers (= muskelbeladene Alleskönner) einpacken und hier im Kindergarten damit spielen. Immer wird mir alles verboten. Meine Eltern sind ungerecht!" Jonathan steht mit gesenktem Kopf vor Corinna, seiner Erzieherin, stampft mit dem Fuß auf den Boden und ist ganz offensichtlich unzufrieden mit sich und der Welt. Corinna geht in die Hocke und antwortet bestätigend: „Das ist wirklich ärgerlich für dich. Da spielst du so gerne mit den Rangers, willst sie sogar mitnehmen, und das wird dir verboten. Erwachsene können Kinder manchmal einfach nicht verstehen." Jonathan blickt Corinna an: „Auch gestern, als ich noch was aufbleiben wollte, sagte Papa, ich muß ins Bett. Und dabei hatten wir Besuch. Im Bett war es ganz langweilig." „Ja", erwidert Corinna, „was soll ich dazu sagen. Wenn Besuch da ist, ist es doch wirklich viel spannender, zuzuhören und mitzureden als alleine die Zeit im Bett zu liegen. Eltern bestimmen manchmal Sachen und wissen vielleicht gar nicht, daß Kinder darüber furchtbar traurig sind." Jonathan blickt ein zweites Mal zu Corinna und fragt: „Könntest du vielleicht mit Mama oder Papa reden, daß ich meine Rangers hierher mitbringen kann?" Corinna nickt: „Wenn du ihnen das noch einmal vorschlägst, glaubst du, daß dein Wunsch nicht erfüllt wird. Und wenn ich es tue, klappt es deiner Meinung nach eher. Am besten ist es, wenn wir beide mit Mama sprechen, wenn sie heute vorbei kommt, dich abzuholen. Du weißt, daß alle Kinder in unserer Gruppe ihr Spielzeug von zu Hause mitbringen können."

Früher war es in dem Kindergarten eine Regel, daß es an einem Tag im Monat einen sogenannten „Spielzeugtag" gab. In der Auseinandersetzung des Teams über den Sinn und Unsinn eines solchen Angebotes haben sich die MitarbeiterInnen entschieden – und dies auch in der Kinderkonferenz abstimmen lassen –, daß im Rahmen ihrer „familienunterstützenden Aufgabe" das Selbstverständnis bestehen muß, Familienwirklichkeiten und Gestaltungsmöglichkeiten des Kindergartens einander näherzubringen. Sie waren einheitlich der Meinung, daß es aus ihrem pädagogischen Verständnis heraus falsch sein muß, einerseits die Wirklichkeit der familiären Sozialisationsbedingungen für Kinder zwar in Ansätzen zu kennen, andererseits aber in der praktischen Bedeutung für den Kindergartenalltag auszublenden. Jede Institution – Familie und Kindergarten – hatte damit ihre „Insel" geschaffen und dafür gesorgt, daß Kinder nebeneinanderstehende Realitäten mit ihrem unterschiedlichen Bedeutungsgehalt (für Kinder) getrennt erleben müssen. Einer ihrer Kernsätze lautete daher:

„Nicht die Ausgrenzung von Realitäten schafft Verständnis für Kinder, sondern die Verbindung von Realitäten schafft Akzeptanz."

Das Team hatte sich seinerzeit in der Auseinandersetzung folgende Fragen beantwortet:

● Was bringt es den Kindern, wenn ihre Spielzeugwelten völlig anders aussehen als im Kindergarten und wir ihnen das Gefühl vermitteln, ihr häusliches Spielzeug wird von uns nicht akzeptiert?

Antwort: Sie werden ihr Spielzeug zu Hause vermissen, sehnsüchtig oder wehmütig daran denken und nur mit halbem Herzen im Kindergarten sein.

● Was bringt es den Kindern, wenn Spielzeugwelten als Realität durch ErzieherInnen ausgegrenzt werden und damit für Kinder wahrscheinlich noch einen größeren Bedeutungsgehalt bekommen?

Antwort: Kinder werden in noch stärkerem Maße auf ihr Spielzeug von zu Hause fixiert sein und gerade in die Position hereingedrückt werden, damit spielen zu wollen.

Über lange Zeit hatten MitarbeiterInnen des Kindergartens eigene Vorstellungen darüber, welche Spielmittel in besonderem Maße für Kinder (!) wertvoll und richtig seien. Auf den Punkt gebracht – wenn auch verkürzt und vielleicht plakativ –, konnte folgende Gleichung gebraucht werden:

● Holz ist besser als Plastik,
● Stoff- oder ähnliche Puppen sind besser
als Barbie,
● gebräuchliche Spielfiguren sind besser
als verwandlungsbare Kämpferfiguren.

Dasselbe Schema hat sich dann konsequent fortgesetzt in der rigorosen Entscheidung für ein „gesundes Essen" ohne Zucker und Fleisch. Stattdessen gab es nur Vollkornbrot, Obst und Gemüse.

Mit Sicherheit spielt eine *ausgewogene* Ernährung eine wesentliche Rolle ebenso wie eine Auswahl verschiedenartiger Spielmaterialien bei Kindern. Nur scheint es so, daß mit dieser dogmatischen

Konsequenz häufig „das Kind mit dem Bad" ausge-schüttet worden ist.

Verständnis Kindern gegenüber verlangt eine sen-sible Suche nach Möglichkeiten, auf der einen Sei-te bisherige Spiel-, Kommunikations- oder Eßge-wohnheiten von Kindern kritisch zu hinterfragen, auf der anderen Seite eine Realität im Auge zu be-halten, die nicht in ihrer ganzen Breite künstlich wirkt. MitarbeiterInnen entfernen sich allzu schnell von Kindern, wenn sie mit „neudefinierten Weis-heiten" versuchen, Kinder mit Macht aus gewohn-ten und bekannten Bezügen (= Spiel-, Eß-, Kom-munikationskulturen) herauszunehmen. Ist es nicht zu verstehen, daß ein Kind auch (nicht nur!) einmal mit Freude ein Brot essen möchte, das mit einer Schokoladencreme bestrichen oder gut-schmeckenden Wurstscheiben belegt ist? Kindern Verständnis zu zeigen heißt, Sichtweisen aus ihrer biographischen Kultur und der der Eltern einzu-nehmen und zu begreifen, daß bestimmte Ge-wohnheiten nicht durch ein Ausgrenzen oder Schlechtmachen zu verändern sind, sondern nur durch eine Integration (= Aufnahme und Berück-sichtigung) in einen Prozeß der Veränderung über-geleitet werden können.

Kinder zu verstehen verlangt die Fähigkeit, weni-ger nach dem „Warum" als vielmehr nach dem „Wozu" zu fragen.

Wozu braucht Jonathan seine Rangers? Vielleicht, um seinen Freunden im Kindergarten zu zeigen, daß er auch Spielzeug zu Hause hat (und er damit seine schwache Position in der Gruppe aufwerten möchte). Vielleicht, um sich mit seinen Rangern in der Gruppe stärker zu fühlen (und mit Hilfe dieser Verstärkung eine Auseinandersetzung auszutragen). Vielleicht, um der Person nahe zu sein, die ihm diese Figuren geschenkt hat (und er in Anwesenheit dieser Figuren an die Person denkt). Vielleicht, um mit Hilfe seiner Rangers seine Angst zu verbergen (und damit eine neue Sicherheit aufzubauen). Es gibt viele *Zweckverbindungen,* die dafür verantwortlich sind, daß Kinder bestimmte Dinge tun oder bestimmte Verhaltensweisen zeigen. So ist z.B. die Tatsache bekannt, daß viele Kinder, die mit Spielzeugwaffen spielen, versuchen, aus einer empfundenen Ohnmacht herauszukommen oder sich mit Hilfe ihrer Waffen gegen etwas wehren, was für sie z.Zt. nicht anders zu greifen ist. Viele Kinder nässen tagsüber oder nachts ein, weil sie traurig sind (Einnässen = das Weinen der Blase) oder koten erneut ein, wenn sie sich aus einer erlebten Ohnmacht heraus aggressiv gegen sich selbst zu schützen versuchen. Sprechauffälligkeiten sind sehr häufig die Folge einer erlebten Verunsicherung oder einer starken Angst, und Konzentrationsschwierigkeiten sind fast immer die Folge einer empfundenen Überforderung.

Und genau darin liegt der Hauptpunkt der Betrachtung: Verständnis zu zeigen heißt, sich auf die Suche des *Verstehens* zu begeben, um nicht die *Folge* (in Form einer auffälligen oder erwartungswidrigen Verhaltensweise) zu „behandlungsfähigen" Symptomen zu erklären. Dabei kann eine einfache Betrachtung helfen. Wenn auffällige oder erwartungswidrige Verhaltensweisen von Kindern gezeigt werden, drücken sie damit gleichzeitig zwei Merkmale aus:

1. ein Signal: „Mir geht es schlecht!"
2. einen Problemlöseversuch: „Ich kann mir nicht anders helfen als das zu tun, was ich tue."

Solange Kindern etwas fehlt, solange werden sie an ihren Verhaltensweisen, Wünschen und Erwartungen festhalten.

Verständnis erleben Kinder von dem Augenblick an, in dem sie die Erfahrung machen, daß sie sich nicht verstellen müssen, daß ihnen trotz der Schwierigkeiten eine *Beziehung* angeboten wird, die nicht erziehen, sondern begleiten möchte. Verstandenwerden schafft Vertrauen und sorgt für ein Klima der Offenheit, des Sich-fallen-lassen-Könnens und des Angenommen-Seins.

Marius, viereinhalb Jahre alt, fehlte zwei Tage im Kindergarten. Am dritten Tag bringt der Vater seinen Sohn in die Gruppe und berichtet, daß vor kurzem in ihr Haus eingebrochen wurde und der Einbrecher gerade in Marius' Zimmer stand, als dieser durch ein Geräusch aufwachte. Seit dieser Nacht hätte sein Sohn eine panische Angst, in seinem Zimmer zu schlafen. Auf die Frage der Erzieherin, was die Eltern denn getan haben, um ihrem Sohn erneute Sicherheit zu geben, antwortete der Vater, Marius könne erstens im Bett der Eltern schlafen, und zweitens seien sofort abschließbare Griffe an das Kinderfenster angebracht worden.

Nun sagen die Eltern, daß er keine Angst mehr zu haben braucht.

Die Erzieherin informiert den Vater über zwei wesentliche Dinge:

1. Kinder, die Angst haben und denen gesagt wird – häufig im Sinne eines Überredens –, daß sie keine Angst zu haben brauchen, entwickeln durch diesen Widerspruch (= Angstbesitz und Angstausrede) eine konstante Angsthöhe.

2. Kinder, die wie Marius ein (vielleicht) traumatisches Erlebnis erfahren mußten, können ihre Angst nur dadurch verarbeiten, wenn *mit* dieser Angst etwas *getan* wird (= motorische Ebene). Lernen geschieht durch Handeln, nicht durch Reden.

Sie beugt sich zu Marius und sagt: „Bestimmt hast du eine Idee, was du machen kannst – vielleicht mit Papas, Mamas oder meiner Hilfe neue Einbrecher aus deinem Zimmer zu vertreiben." Marius erwidert: „Denen müßte man eine richtige Falle bauen!" So wird zusammen mit Marius und dem Vater überlegt, wie eine Falle aussehen soll.

Schließlich ist der Plan perfekt: es wird abgesprochen, daß zum einen ein dünner Faden kreuz und quer zwischen den Wandinnenseiten (hinter den Fenstern) gespannt wird, auf den Tesafilm befestigt wird. Zum anderen werden Flaschen hälftig zersägt und mit den Flaschenhälsen und Bodenflächen in zwei große Holzkisten mit Sand aufgestellt. Marius möchte dann die Kisten unter sein Fenster stellen. Er weiß, daß ein neuer Einbrecher, der durch das Fenster steigen würde, in die zersägten Flaschen tritt und durch den Krach bzw. den Schreck fluchtartig das Zimmer wieder verlassen würde. (Wichtig ist bei diesem oder anderen Vorgehensweisen, daß es nicht um eine objektive Gefahrenabwendung geht, sondern immer um das subjektive Gefühl des Kindes, geschützt/gewappnet zu sein.)

Einige Tage später berichtet der Vater tatsächlich, daß Marius wieder beruhigt in seinem Zimmer schlafen kann. Ähnliches gilt im übrigen für Geister- und Gespensterfallen im Zimmer, um Furchtgestalten davon abzuhalten, Kinder zu ängstigen. Der Wert dieser Handlungen liegt im *Ernstnehmen des in diesem Alter bei Kindern ausgeprägten magischen Denkens.* Kinder leben in einer Welt der *bildlichen Vorstellung*, in der Ängste und Sorgen materialisiert/personifiziert werden. Der Glaube an den Osterhasen, den Weihnachtsmann oder die gute Fee, an Elfen und Zwerge, Riesen oder sogenannte „immaginäre Freunde" ist in gleicher Weise darin zu sehen.

Kinder suchen sich mit ihren Vorstellungen, Phantasiegefährten und festen Bildern greifbare Objekte, Gedanken und Gefühle „dingfest" zu machen. Eine zu frühe logische Aufklärung über die Unmöglichkeit oder Nichtexistenz solcher Bilder bringt Kinder im Kindergartenalter in Irritationen, weil Kinder so denken, *daß* es sie gibt. Wenn sie in Erwachsenen BündnispartnerInnen finden, die die *Weltbilder* der Kinder übernehmen, sprechen Erwachsene dieselbe Sprache und vermitteln Sicherheit. So ist es auch mit der Verläßlichkeit. Kinder brauchen für ihre Sicherheit *dauerhafte, feste*

Beziehungen, durch die sie bereit sind, sich auf Entwicklungen einzulassen. Springkräfte in Gruppen, die – für Kinder schwer abschätzbar – am nächsten Morgen da sind oder nicht, vermitteln eine ähnliche Irritation für Kinder wie MitarbeiterInnen, die ihre Arbeit nur als „kurzfristige Aushilfsjobs" oder „Schnupperpraktika" verstehen. Nicht anders wäre es wie in einer Familie, wo Kinder beim Nachhausekommen nicht wüßten, ob Mama oder Papa da sind oder nicht. Verständnis und Verläßlichkeit schaffen Sicherheit und Akzeptanz, durch die es sich lohnt, Entwicklung in vollen Zügen zu genießen.

Gewaltfreiheit.
Der Kindergarten als ein Ort angstfreier Entwicklung

Konstanze hält sich mit einigen anderen Kindern in der Küche des Kindergartens auf. Sie hilft bei der Vorbereitung eines Frühstücksbüffets, schneidet die Gurken in kleine Scheiben, legt sie auf einen großen Teller, garniert ihr Arrangement mit Tomatenstückchen und Paprikastreifen und steht staunend vor dem fertigen Werk. Almuth, die Erzieherin, greift gedankenversunken nach dem Teller, um ihn auf den Frühstückswagen zu stellen, da protestiert Konstanze: „Du sollst meine Gemüseschale nicht auf den Wagen stellen. Die stelle ich alleine hin." Almuth erinnert daran, daß der große Gemüseteller recht schwer ist und bittet um entsprechende Vorsicht beim Tragen. Konstanze schnappt sich den Teller und eilt in den Flur, um ihren „Schatz" auf den Büffettisch zu bringen.

Da tönt durch den Kindergarten ein lautes Klirren. Konstanze kann sich denken, was passiert ist, bemüht sich aber, nicht in den Flur zu laufen, um Konstanze nicht zusätzlich zu verunsichern. Schon kommen die ersten Kinder in die Küche gelaufen: „Konstanze hat den Teller fallenlassen. Jetzt liegt alles auf dem Boden. Und der Teller ist auch kaputt." „Dann könnt ihr der Konstanze ja helfen, die Scherben und das Gemüse aufzufegen", antwortet Almuth und setzt ihre Tätigkeit fort. Sie wundert sich allerdings, daß nach wenigen Minuten Konstanze immer noch nicht in die Küche kommt, um Handfeger und Kehrblech zu holen. Almuth schaut aus der Küchentüre in den Flur und sieht Konstanze weinend auf dem Boden hocken. Langsam geht sie zu dem Kind, setzt sich neben Konstanze und meint: „Das ist auch ein Pech. Jetzt hast du dir soviel Mühe mit dem Gemüseschneiden gegeben, und nun ist alles auf den Boden gefallen. Da wäre ich auch traurig." Konstanze weint leise: „Papa sagt auch immer, ich sei zu nichts zu gebrauchen", klagt sie ihr Leid. „Wer so gut das Gemüse schneiden kann, kann sicherlich auch andere Sachen sehr gut", gibt Almuth zu bedenken. „Etwas fallen zu lassen, kann jedem passieren. Mir auch. Und niemand wird dafür ausgeschimpft. Wie ist es, wenn du dir jetzt aus der Küche Handfeger und

Kehrblech holst und alles zusammenfegst? Und wenn du andere Kinder fragst, helfen sie dir sicherlich dabei." Konstanze schaut hoch: „Und wenn ich das Gemüse aufhebe und auf einen neuen Teller tu?" „Das ist nicht so gut, weil es auf dem Boden liegt und schmutzig wurde. Im Kühlschrank liegt noch anderes Gemüse. Da kannst du neue Scheiben schneiden, wenn der Boden erstmal gekehrt und kurz übergewischt ist." Konstanze eilt in die Küche, und andere Kinder helfen ihr, das Malheur zu beseitigen.

Was an diesem, in einem norddeutschen Kindergarten beobachteten Beispiel gefällt, ist die Art und Weise, wie die Erzieherin mit Konstanze das Mißgeschick sprachlich begleitet hat.

Kein Vorwurf wie etwa: „Hättest du doch nur den Teller auf den Frühstückswagen gestellt, dann wäre es nicht passiert!" war zu hören. Keine moralisierende Vorhaltung wie etwa: „Du mußt schon aufpassen, daß du nicht fällst!" oder: „Was sollen wir jetzt wohl essen!" wurde gebraucht.

Kein Angriff wie etwa: „Ich habe mir schon gedacht, daß du dafür noch zu klein bist!" drang an Konstanzes Ohren.

Keine Abwertung wie etwa: „Das habe ich fast schon vorausgesehen, daß du das nicht schaffst!" kam aus dem Mund der Erzieherin.

Kein Trösten wie etwa: „Das ist doch nicht so schlimm!" konnte Konstanze in eine neue Verunsicherung bringen.

Stattdessen hat Almuth versucht, Sachlichkeit und Emotionalität, also das, was geschehen ist und wie es Konstanze wohl geht, sprachlich aufzugreifen und ihr das Gefühl zu vermitteln, daß kleinere „Unfälle" zwar traurig für das Kind, aber nicht „schlimm für die Einrichtung" sind.

Johannes ist dabei beobachtet worden, wie er an die Brottasche eines anderen Kindes gegangen ist und dort etwas herausgenomen hat. Almuth setzt sich zu ihm und fängt ein *kurzes* Gespräch an: „Johannes, vorhin habe ich gesehen, daß du an Florians Brottasche gewesen bist. Wir haben im Kinderrat die Regel besprochen, daß jeder von uns nur an seine eigene Tasche darf. Wenn Florian es dir erlaubt, dann ist es in Ordnung. Leg bitte das kleine, blaue Auto von Florian wieder in seine Tasche zurück." Solche Situationen kommen im Kindergarten immer wieder vor, und es ist zwar ärgerlich, wenn Kinder an den Besitz anderer Kinder gehen, doch reicht statt irgendwelcher „Verhöre" ein Hinweis auf die *mit den Kindern* gemeinsam abgesprochene Regel, das Eigentum von anderen zu achten. „Verhöre" sind im Gegensatz dazu geeignet, Kinder in eine unausweichliche Defensive zu bringen und dabei völlig außer acht zu lassen, daß Kinder in die Position eines „ohnmächtigen Angeklagten" hineingedrängt werden. Es geht also nicht darum, etwas zu beschönigen oder zu übersehen, sondern darum, es bei klarer Sachlage kurz „auf den Punkt" zu bringen.

Ein Blick in die Praxis zeigt, welch vielfältige Möglichkeiten der Anwendung von Gewalt in Kindergärten vorkommen (können):

● Gewalt in sprachlicher Form:

– Absichten von Kindern „umfunktionalisieren"

Beispiel: „Du willst doch sicherlich jetzt mit Jennifer spielen und nicht mehr an deinem Turm weiterbauen."

(Hintergrund: Das Kind spielt gerne alleine und soll nun in eine Sozialbeziehung zu einem anderen Kind treten.)

– „ausfragen und aushorchen"

Beispiel: „Willst du mir nicht endlich erzählen, was hier gerade passiert ist? Ich merke doch, daß es Ärger gab."

(Hintergrund: Das Kind soll der Erzieherin eine Antwort geben, auch wenn es dem Kind sehr schwer fällt, etwas zu sagen.)

– „sich auf vermutete Verhaltensweisen fixieren"

Beispiel: „Du kannst mir sagen was du willst; mir ist klar, daß du es doch warst, auch wenn du es abstreitest."

(Hintergrund: Das Kind soll eine „Schuld" annehmen und die Aussage der Erzieherin akzeptieren.)

– „rationalisieren und der Vernunft gehorchen"

Beispiel: „Hör' jetzt bitte auf zu weinen. Das ändert die Situation auch nicht mehr."

(Hintergrund: Das Kind soll seine Gefühle unterdrücken und logisch-intellektuell einen Sachverhalt einschätzen.)

– „auf Kinder einreden und in eigene Monologe fallen"

Beispiel: „Du weißt doch, daß das so nicht geht. Es kann auch gar nicht funktionieren, wenn du es so anstellst. Überleg mal, warum es nicht gehen kann, schließlich probierst du es seit längerem und schaffst es nicht. Das muß einen Grund haben, und wenn du keinen Versuch machst, anders an die Sache heranzugehen, wird es nie was. Also: hier ..."

(Hintergrund: das Kind soll verstehen lernen, andere Problemlöseversuche, die effektiver sind, zu sehen.)

– „Kinder der Lächerlichkeit preisgeben"

Beispiel: „Schaut euch einmal den Marius an, was er gerade tut, während wir hier am Tisch sitzen. ..."

(Hintergrund: Das Kind soll vor anderen seine Schuld deutlich spüren, und gerade das bringt das Kind in eine erneute Außenseiterposition!)

– Ironie einsetzen"

Beispiel: „Na, solch schönes Fleckmuster hab ich ja noch nie gesehen. Das ist hervorragend und vielleicht eine neue Kunstrichtung, die ich noch gar nicht kenne."

(Hintergrund: Das Kind soll peinlich berührt werden, doch schafft Ironie *immer* neue Gefühlsirritationen.)

– „Kindern die eigene Lebensweisheit überstülpen"

Beispiel: „Glaub mir, wenn ich dir das sage, daß es zu gefährlich ist, da heraufzuklettern. Da kommt niemand hinauf, ohne herunterzufallen. Laß dir das gesagt sein."

(Hintergrund: Das Kind soll auf eine – vermeintlich gefährliche – Erfahrung verzichten, wobei eigene Maßstäbe zum Richtwert aller Dinge erklärt werden.)

– „Kindern Absichten oder Gedanken in den Mund legen"

Beispiel: „Natürlich kann ich mir denken, warum du das Tischtuch zerschnitten hast. Um mich und die anderen zu ärgern ..."

(Hintergrund: Das Kind soll „wissen", daß der Erwachsene in der Lage ist, Absichten des Kindes zu interpretieren, ohne die Chance zu haben, eigene Gedanken als richtig vorzubringen.)

– „mit Macht den eigenen Standpunkt als rechtens erklären"

Beispiel: „Glaub ja nicht, daß du damit durchkommst. Was würde denn passieren, wenn alle Kinder so laut schreien wie du? Sicherlich gibt es Gründe, laut zu sein, aber nicht hier und nicht jetzt."

(Hintergrund: Das Kind soll sich ohne Berücksichtigung *seiner* Situation an eine gegebene Anordnung halten, wobei die Vorwürfe dazu dienen, die eigene Macht herauszustellen.)

– „das Kind in seiner Persönlichkeit verletzen"

Beispiel: „Du paßt einfach nie auf, wenn ich in der Gruppe was erkläre. Kannst du nichts anderes als Ärger machen? Bist du nicht fähig, auch nur einmal zuzuhören?"

(Hintergrund: Das Kind soll das ganze Ausmaß seines erwartungswidrigen Verhaltens bemerken und damit eine Änderung anstreben, was allerdings genau das Gegenteil bewirken wird.)

● Gewalt in organisatorischer Form

Wenn Bedingungen in Kindergärten dazu führen, daß Kinder nicht partizipieren (= teilhaben, mitgestalten) können oder Grundsicherheiten verlieren, erleben sie belastende Merkmale als Gewalt. Diese *kann* z.B. darin zum Ausdruck kommen, daß

– zu viele Kinder in einer Gruppe sind und die Gruppengröße jede individuelle Berücksichtigung des einzelnen Kindes erschwert oder gar unmöglich macht;

– Räume ohne Mitsprache und Mitwirkung der Kinder umgestaltet werden und Kinder sich in ihrer Gruppe fremd fühlen (Wir als Erwachsene würden auch irritiert sein, wenn unser Zuhause in unserer Abwesenheit verändert werden würde.).

– Essensregelungen und -zeiten durchgesetzt werden, die z.B. beinhalten, daß jedes Kind eine bestimmte Menge zu verzehren hat;

– Tagesabläufe vorbestimmt sind, Schlafenszeiten in der Mittagsstunde festgesetzt werden und Kinder trotz fehlender Müdigkeit ins Bett/auf die Liege zu gehen haben;

– MitarbeiterInnenwechsel immer nur kurze Beziehungschancen bieten und Kinder die Erfahrung machen (müssen), daß es sich nicht lohnt, Vertrauen aufzubauen;

– *alle* Kinder an *allen* Angeboten teilnehmen müssen, ohne daß eine Differenzierung möglich ist;

– Kindergärten mit zu vielen Gruppen für einzelne Kinder unübersichtlich werden und in einer „Vermassung" untergehen;

– völlig überladene Kindergartenräume die Kinder nicht zur Ruhe kommen lassen und mit ihrer Reizüberflutung dafür sorgen, daß Kinder „aufgedreht" sind;

– feste Kindergruppen aufgelöst werden zugunsten *einer* Kindergruppe und das Fehlen von Stammgruppen den Kindern die Sicherheit nimmt, nicht mehr zu spüren, wohin sie gehören;

– Kinder sich mit aufgesetzten Themen „abquälen" müssen, die völlig an ihren Interessen und Bedürfnissen vorbeigehen;

– Kindern ein Erfahrungsraum genommen wird, indem sich der Kindergarten zu einem „geschützten, heile Welt- und Inselort" erklärt;

– gesellschaftliche Dogmen zur Entscheidung führen, die Arbeit auf eine bestimmte Art und Weise zu gestalten, ohne entwicklungspädagogische Merkmale aus der Sicht von Kindern und ihrer Entwicklung zu berücksichtigen;

– Kindergärten ihre Arbeit so ausführen, daß Eltern zufrieden sind und weniger bereit, sich an den Kindern zu orientieren.

Gewalt zeigt sich damit nicht primär an blauen Flecken oder anderen „Hautausschlägen", sondern es sind viele sprachliche Verhaltensweisen von Erwachsenen und organisatorisch-strukturelle Bedingungen, die unweigerlich Gewalt auf Kinder ausüben. Resignation, Aggressionen oder andere Verstörungen sind Folgen einer gespürten Angst, die durch Gewalt ausgelöst werden. Der Kindergarten hat daher ein für Kinder gewalt- und angstfreier Raum zu sein, in dem sich Kinder angenommen und verstanden fühlen. Erfahrene Gewalt – offen oder verdeckt – schafft Wunden in der Seele eines Kindes. Sie zu vermeiden bzw. mit Kindern zu verarbeiten, ist Auftrag und Verpflichtung zugleich. Gewalttätigkeiten von Kindern führen auf erfahrene Gewalt dieser Kinder zurück. Sie zu identifizieren, zu finden und zu verändern bringt eine Qualität in die Kindergartenpädagogik zurück, auf die Kinder in ihrer Entwicklung dringender denn je angewiesen sind.

Bewegung und Ruhe.
Der Kindergarten als ein Ort der Lebendigkeit und Entspannung

Friederike und Ludger laufen im Gruppenraum umher. Beide versuchen, sich gegenseitig zu fangen, und wenn einer den anderen „abgeschlagen" hat, wird der Fänger zum Verfolgten und umgekehrt. Es bleibt nicht aus, daß das Ganze mit viel „Gekreische" vonstatten geht und so mancher Stuhl umgeworfen wird. Karin, die Erzieherin, fordert die Kinder kurzerhand auf, ruhiger zu sein. Auf den Einwurf der Kinder, sie könnten ja draußen ihr Fangspiel weitermachen, weist Karin auf den Nieselregen hin und meint, das gehe leider bei diesem Wetter nicht. Friederike und Ludger ruhen sich zunächst auf der Matratze aus.

Bewegung ist für alle Kinder nicht nur eine gewünschte Form der Lebendigkeit, sondern auch ein unverzichtbares Grundbedürfnis in ihrer Entwicklung. Bewegung wird vor allem dadurch ausgelöst, daß Gefühle von Streß eine Möglichkeit suchen, sich auszudrücken (= aus dem Druck kommen). Insoweit ist sie eine *physiologische Notwendigkeit*, als Folge aufgestauter oder erlebter Emotionen. Ein Kind, das gerade etwas Aufregendes mitbekommen hat, wird nicht ruhig vor der Erzieherin (oder den Eltern) stehen und mit entspannter Mimik sagen: „Weißt du, da gibt es etwas, was ich dir gerne erzählen möchte". Stattdessen wird ein Kind angelaufen kommen, die Erzieherin an die

Hand nehmen und unruhig auffordern, endlich mitzukommen und sich etwas anzugucken.

Bewegte Kinder sind immer auch *innerlich beteiligte* Kinder, deren Gedanken und Gefühle auf eine bestimmte Tätigkeit oder Erfahrung ausgerichtet sind und sich *durch die Bewegung* sichtbar machen.

Das wird vor allem dann besonders deutlich, wenn ein Kind voller Freude tanzt oder bei entsprechender Wut mit dem Fuß auf den Boden stampft, wie aufgezogen durch den Raum läuft oder bei Ärger ein Spielzeug nach einem anderen Kind wirft (Wir kennen es als Erwachsene auch: da wird mit Wucht eine Türe zugeknallt oder bei starker Frustration mit der Faust auf den Tisch geschlagen.).

Gerade Kinder im Kindergartenalter, deren Aufmerksamkeit vor allem darin besteht, möglichst vieles zu *begreifen,* nutzen viele Möglichkeiten/Chancen, alles mitzubekommen. Und dafür ist nun einmal die Bewegung eine Hauptvoraussetzung, aktiv beteiligt zu sein.

Gerade wurde hervorgehoben, daß *Bewegung eine Folge* aus der Gedanken- und Gefühlswelt von Kindern darstellt. Insoweit hieße eine ganzheitliche und die korperlichen Reaktionen eines Kindes beachtende Pädagogik, *daß* Bewegung zu einem festen, täglichen Bestandteil des Lebens und Lernens im Kindergarten ist. Vielleicht werden jetzt einige LeserInnen sagen, das sei doch selbstverständlich! Nun, so eindeutig ist es leider nicht, denken wir z.B. an folgende Situationen:

– Einmal in der Woche gibt es einen Turn- oder

Bewegungstag, an dem mit Kindern in der Flurhalle oder einer Schulsporthalle „geturnt" wird. Bewegung läßt sich *nicht* durch eine gesteuerte, in der Zukunft liegende Bewegungsmöglichkeit (z.B. jeden Montagvormittag) eingrenzen und kompensatorisch lenken.

Kinder brauchen täglich ihren Bewegungsausdruck, um sich wohlfühlen zu können.

– Seit einigen Stunden/Tagen regnet es, so daß es im Garten naß ist. Aus Sorge, die Kinder könnten ausrutschen und hinfallen, sich schmutzig machen oder mit nassen Sachen wieder in den Gruppenraum hereinkommen, wird von Erwachsenen die Regel aufgestellt, nicht rauszugehen. Die Frage ist: Warum nicht?

Könnte es sein, daß z.B. die MitarbeiterInnen keine Lust haben, die Kinder zu begleiten? Damit würde ein Problem der Mitarbeiterin zu einem Problem der Kinder gemacht werden. Oder könnte es sein, daß die Sorge besteht, Eltern könnten vorwurfsvoll reagieren und auf mögliche Krankheitsumstände hinweisen (Schnupfen)? Damit würden MitarbeiterInnen sich zu BündnispartnerInnen von Eltern machen und nicht zu denen der Kinder.

– Einige Kinder sind während des gemeinsamen Frühstücks ganz unruhig. Sie „kippeln" mit den Stühlen und bewegen ihre Arme und ihren Oberkörper ständig hin und her. Die Bitte der Erzieherin, doch endlich einmal ruhig zu sitzen, kommen sie nur für jeweils kurze Zeitspannen nach.

Wenn Aufregungen, brisante Gedanken oder kurz zurückliegende Ereignisse den Hormonhaushalt der Kinder „angeheizt" haben, ist es für sie unmöglich, ruhig oder still zu sein. Das hieße, naturgegebene, körpernormale Erscheinungen unterbinden zu wollen und Wahrheiten auf den Kopf zu stellen. Besser ist es, wenn Kinder selbstverständlich die Länge ihres Frühstückens aktiv (mit)bestimmen können, weil *ihr* Körper ein untrügliches Gefühl für Richtigkeit besitzt.

– Während des letzten Elternabends wurde die Bitte einiger Eltern vorgebracht, mit ihren Kindern im Kindergarten gezielte Konzentrationsübungen am Tisch durchzuführen. In Erfüllung des Wunsches zeigte sich, daß viele Kinder es einfach nicht schaffen (können), mit Ruhe an einem Tisch zu arbeiten.

Konzentration läßt sich nicht durch eine vorgegebene Ruhezeit „erlernen". Vielmehr ist die Ruhe bzw. Konzentration der Kinder eine notwendige Konsequenz, wenn diese sich „ausbewegt" haben! (Stellen Sie sich einmal als Erwachsener vor, Sie hätten während eines Besuches bei ihren Freunden erfahren, daß bei Ihnen zu Hause etwas passiert sei. Ihre Freunde bitten Sie aber, noch einige Zeit zu bleiben, damit sie Ihnen die Dias des letzten Urlaubs zeigen können. Würden Sie in einer solchen Situation ruhig sitzenbleiben können?)

Es ist schwer zu fassen, daß für Kinder im Kindergarten ca. 2,5–3 qm Platz pro Kind eingeplant sind, wohingegen für Hunde 4 qm Fläche in einem Zwinger als ein Minimum gelten. Aufgrund dieser für Kinder geringen Bewegungsmöglichkeit sollten

ErzieherInnen und Kinder gemeinsam überlegen, ob nicht *alle* Räume des Kindergartens zu nutzen sind. Enge, überfüllte Raume provozieren Aggressionen und Unzufriedenheit, und es ist für Kinder dramatisch, auf der einen Seite durch Bewegungsbegrenzungen Gefühlsstaus entwickeln zu müssen, auf der anderen Seite in der Folge für gezeigte Gefühlsausdrücke auch noch Konsequenzen in Kauf nehmen zu müssen. Kinder, die die Möglichkeiten haben, ihrem Bewegungsdrang auf vielfältige Weise nachkommen zu können, sind dann in der Lage, auch Ruhe zu genießen, wo sie ihnen eingeräumt wird.

Ruhe beginnt sicherlich *nicht* in erster Linie mit einer akustischen Stille, sondern mit der Wirkung von Räumen.

Es gibt immer noch Kindergärten, die in ihrer Ausgestaltung und Dekoration einem äußerst bunten Jahrmarkt gleichen: die Wände sind voller Bilder, Plakate und Poster, die Decke hängt voller Mobiles oder anderer Gebilde, die Fenster sind voller Fingerfarben und selbst die kaum noch sichbare Grundfarbe des Raumes zeigt ein kräftiges Rot (= Farbe des Signals, der Spannung). Wenn zudem keine festen Bring- und Abholzeiten mit Eltern ausgemacht wurden und in einer ständigen Unruhe die Gruppentüre auf- und zugeht, das Telefon durch den Flur oder die Gruppe schrillt, Kassettenrecorder die neuesten Folgen irgendeiner Geschichtenreihe wiedergeben und das Ganze in einem möbelüberladenen Raum stattfindet, dann *kann keine* Ruhe entstehen. Hier gilt es, mit Kindern eine Bestandsaufnahme zu machen, was geändert werden kann/soll:

– Kann beim Spielzeug etwas aussortiert werden, um Platz zu schaffen?

– Können die Spielecken noch deutlicher abgegrenzt werden als bisher (mit Stoffbahnen bis zur Decke!)?

– Müssen wirklich alle Tische und Stühle in dieser Menge im Raum stehenbleiben?

– Ist der im Gruppenraum stehende Schreibtisch wirklich nötig?

– Können Möbel raumsparender angeordnet werden oder Regale für Spielmittel neu/anders genutzt werden?

– Sind Eltern bereit, eine zweite Ebene im Raum oder im Flur (!) in Zusammenarbeit mit ErzieherInnen und Kindern einzurichten?

– Müssen tatsächlich alle Dekorationsstücke dem Raum auch noch den letzten Platz nehmen?

– Welche Störungen sind definitiv zu verändern und welche Regeln sorgen dafür, daß Unruhe zusätzlich aufkommen kann?

Sicherlich hängt ein Maß an Ruhe auch von der Person der Erzieherin ab. So gibt es auch im „personalen" Bereich Auslöser für Unruhe, die sich in ihrer Folge auf die Atmosphäre der Umgangs- und Kommunikationskultur mit Kindern negativ auswirkt. Etwa

– eigene Unzufriedenheiten im beruflichen oder privaten Bereich,

– unausgetragene Konflikte im Team,

– unausgesprochene Vorurteile oder Mißtrauen in der Arbeitsgruppe,

– Unstimmigkeiten in pädagogischen Grundsatzfragen,

– erlebte Drucksituationen von außen,

– Überforderungen und fehlende gegenseitige Hilfen.

Unruhe ergibt sich schließlich auch aus dem Anspruch, möglichst vieles in einer möglichst kurzen Zeit „zu schaffen", so daß das Leben und Lernen mit Kindern zu einem „angehäuften Programm ohne Ende" wird. Vorzeigbare, abzuhakende Produkte, die mit Kindern erstellt werden, um *Eltern* zu zeigen, daß in diesem Kindergarten gearbeitet wurde/wird, werden auch heute noch als ein Qualitätsmerkmal von Arbeit eingeschätzt, anstatt gemeinsam mit Kindern die Tage zu erleben als das, was sie sind: Zeiten, in denen Kinder *für sie* wichtige Erfahrungen machen können.

Die Arbeit läuft dir nicht davon,
wenn du deinem Kind den Regenbogen zeigst.
Aber der Regenbogen wartet nicht,
bis du mit der Arbeit fertig bist.
Altes chinesisches Sprichwort

Erfahrungsräume.
Der Kindergarten als ein Ort
des Erlebens

Steffen und Pia können es kaum erwarten, daß die
Werkbank im Kindergarten ihren Platz findet. Vor
wenigen Tagen hatten sich die MitarbeiterInnen
der Einrichtung und die Kinder dafür ausgesprochen, eine Suchanzeige in der Zeitung aufzuge-
ben, ob nicht jemand eine gebrauchte Werkbank –
und vielleicht sogar dazugehörendes Werkzeug –
preiswert an den Kindergarten zu verkaufen hat.
Gestern rief ein älterer Herr an, erzählte von seinem inzwischen ungenutzten Stück, das langsam
im Keller verstaubt, und bot an, es zusammen mit
seinem Sohn heute zum Kindergarten zu bringen.
Als es klingelt, wissen die Kinder Bescheid. Sie
laufen zur Eingangshalle und sehen auch tatsächlich zwei Männer, die dabei sind, eine Werkbank
von dem PKW-Anhänger zu laden. Nachdem alles
mit tatkräftiger Unterstützung der Kinder aufgestellt worden ist, nimmt sich der ältere Herr die
Zeit, den Anwesenden zu erzählen, was er daran
früher alles hergestellt hat. Die Kinder sind Feuer
und Flamme. „Aber", so meint der Mann, „ alles
braucht seine Zeit. Vielleicht sollte zuallererst eine
dicke Holzleiste an der Wand angebracht werden,
um das Werkzeug an Haken und Nägeln aufzuhän-
gen." Er geht noch einmal zum Auto zurück und
kommt mit einer breiten Holzleiste zurück. Ehe
sich alle versehen, ist der Vormittag herum.

„Kommst du morgen wieder", fragen einige Kinder, und der Mann meint zögerlich: „Wenn ich darf, gerne."

Aus der neuen Werkbank ist inzwischen nicht nur ein von Kindern ausgesprochen vielgenutztes Arbeitsutensil geworden, sondern es ist auch eine Freundschaft entstanden, die durch regelmäßige Besuche aufgefrischt wird. Mareike, die Erzieherin, erinnert sich zurück: „Da gab es zu Anfang viele Vorurteile auf unserer Seite. Natürlich hatten wir immer das Unfallrisiko vor Augen, die Aufsichtspflicht und unsere Haftungsverpflichtung, wenn etwas passiert. Allerdings kannten wir andere Kindergärten, die schon seit langem eine Werkbank hatten und wirklich nur gute Erfahrung gemacht haben. Diese Kindergärten wurden von den Kindern und uns besucht, die Kinder durften ausprobieren, und so kamen wir zu dem Entschluß, auch eine für unsere Einrichtung zu besorgen. Da unser Haushalt den Kauf einer neuen Werkbank nicht möglich machte, entschlossen wir uns zu dieser Anzeige. Und es hat geklappt."

Astrid fällt ihr ins Wort: „Also, wenn wir ganz ehrlich sind, gab es bei uns die größten Widerstände in der Richtung, daß wir uns selber nicht zugetraut haben, mit Schraubzwingen, Holzspatel und Feilen umzugehen. Doch alles ist zu lernen, und wenn wir heute die Kinder beobachten, können wir uns diese Werkbank gar nicht mehr wegdenken."

„Die Unmengen an Holz", ergänzt Mareike, „holen wir uns mit den Kindern aus der Schreinerei. Die haben jede Menge Verschnitt- oder Reststücke, und wenn alles nicht reicht, gehen wir in den Wald und sammeln dort Bruchholz."

Lange Zeit war der Kindergarten nicht selten ein Ort, an der den Kindern „nur" isolierte und geschützte Erfahrungen zugebilligt wurden, mehr in der Sorge, Kinder könnten sich vielleicht verletzen als weniger in der Erkenntnis, daß Kinder aus praktischen Erfahrungen im Umgang mit echten Materialien ein intensiveres Handlungslernen erleben könnten.

Stürzte im Herbststurm ein Baum im Garten um, wurde sogleich ein Sperrband um den Baum gelegt und darauf geachtet, daß möglichst kein Kind die Gefahrenstelle betrat.

Kletterte ein Kind in einen Baum, mußte es sich unmittelbar, nachdem es entdeckt wurde, anhören, das sei zu gefährlich und das Kind müßte runterkommen.

Statt gemeinsamer Besorgungen der Materialien, die benötigt wurden, fuhren ErzieherInnen in ihrer freien Zeit zu den Geschäften, um *für* die Gruppe einzukaufen, statt *mit* der Gruppe das benötigte Material herbeizuschaffen.

Statt *mit* Kindern und den Eltern bzw. den Stadtgärtnern den Spielplatz umzugestalten, gingen lediglich die Erwachsenen an die Arbeit, und Kinder „durften" durch die großen Fensterscheiben zusehen, wie *ihr* Garten entstand. Dabei können Kinder nicht nur durch ihre Mithilfe, ihre Anwesenheit oder geäußerten Wünsche miterleben, was zur Zeit entsteht, sondern auch praktisch erfahren, wie schwer es ist, Pfähle in den Boden zu schlagen, einen Draht zu ziehen, Hölzer mit Verzahnungen in paßgenaue Verbindungen zu bringen oder Beton als Stützfüße für bestimmte Aufbauten anzurühren. Kinder sind eher bereit, für *Gegenstände Verantwortung* zu übernehmen, *wenn* sie einen *praktischen Bezug* zu ihnen haben. Erfahrungsräume schaffen diesen Bezug.

Die Möglichkeiten, während des Handelns zu lernen, sind weitaus größer als dies in künstlich hergestellten oder begrenzten Räumen der Fall ist. Wenn Kinder:

– während des Auf- und Abdeckens ihrer Frühstücksteller, -tassen etc. Verantwortung für ihr Geschirr/Besteck übernehmen, ist der Lernerfolg höher, als wenn das Geschirr etc. von der Erzieherin auf dem Frühstückswagen herbeigeschafft wird;

– einen Drachen an der Werkbank selber selber herstellen, so ist die Verantwortung für *ihr* Fluggestell weitaus höher, als wenn fertige Plastikdrachen aus dem Geschäft gekauft werden;

– ihr Gemüse im Kindergarten *selber* pflanzen bzw. säen, dann ist die Spannung und Sorgfalt in der Beetpflege besser dazu geeignet, sich über das eigene Gemüse zu freuen/zu ärgern, als wenn ständig fremdes Gemüse fertig auf den Tisch gestellt wird;

– ihre kaputten Spielzeuge – soweit möglich – *selber* reparieren können mit Hilfe der ErzieherInnen, dann ist die Freude über den Reparaturerfolg höher als wenn bei defektem Spielzeug das nächste als Ersatz dafür angeschafft wird;

– selber mit Hammer und Nagel ihre Baumhütte aus Brettern zusammengesetzt haben, dann ist ihr Stolz größer, als wenn ein fertig angemalter (bedruckter) Hauskarton beim ersten Regen in sich zusammenfällt;

– ihren Dinosaurier aus Kaninchendraht, Zeitungspapier und Kleister in einer überwältigenden Größe *selber* gebaut haben, dann ist dies für Kinder reizvoller, als wenn in einer Buchbetrachtung die Saurier lediglich als kleine Bilder zur Verfügung stehen.

Durch Erfahrungen erhalten die Kinder einen Bezug zu *ihrer eigenen Leistung, Leistungsfähigkeit* und ihren *Leistungsmöglichkeiten,* sind sie es doch selber, die sich auf die Schulter klopfen können: „Das ist mein Werk", kann man förmlich den Kinderaugen entnehmen, ohne daß Kinder etwas hörbar gesagt haben.

Erfahrungen sind aber auch schmerzlich im Sinne, daß ein Kind erfährt, daß es etwas *nicht* kann, daß andere Kinder besser sind oder es leichter/schneller hinbekommen, daß Vorhaben von Mißerfolgen gekrönt sind oder einfach bestimmte Handgriffe nicht gelingen wollen. Erfahrungen erweitern damit gleichzeitig auch die Belastbarkeit und können dazu anregen, es ein weiteres Mal zu probieren.

Sicherlich ist es nicht überspitzt, von einer „Milchtütenpädagogik" zu sprechen. Auf die Frage „Woher kommt die Milch?", antworten erfahrungsarme Kinder „Aus der Tüte". Erfahrungen können auf alle Bereiche der Kindergartenarbeit übertragen werden: sei es beim Bau von Musikinstrumenten an einer Werkbank (statt beispielsweise dem behelfsmäßigen Basteln von mit Steinchen gefüllten Plastikbechern) oder bei der Mithilfe beim Kochen und Servieren (statt dem Essen aus aufgewärmten Alufolien), beim Besorgen und Pressen der Äpfel (statt der Ausgabe teuren Naturapfelsaftes), beim Bau einer Spielzeughütte (statt des Aufstellens eines Fertigbauhäuschens) oder beim Bau eigener Schatzkästen (statt des Kaufes gleicher oder ähnlicher Behälter). Der Kindergarten vergibt sich aus der Fülle der Möglichkeiten nicht selten die nutzbare Chance, Kinder an täglichen Aktivitäten zu beteiligen (Gießen der Raumpflanzen oder der Bäume während eines heißen Sommers; Schöpfen eigenen Papieres, Herstellen von Klebematerial oder eigener Farben, ...). Der Bezug zu Jugendlichen, die als Kinder stark in ihren Erfahrungsmöglichkeiten eingeschränkt waren, ist unübersehbar: ob im Free-climbing, Bahn-Surfen oder Turm-/Brücken-jumping – immer geht es um das Erleben eines besonderen „kicks".

Schließlich – und das ist nicht weniger wichtig – schaffen Erfahrungen auf der Handlungsebene ausreichende Impulse, sich mit der Aktivität, dem Spiel oder einer bestimmten Handlung selber weiterzubeschäftigen. Angebote verführen dazu, auf neue Impulse zu warten bzw. die Verantwortung für das eigene Wohlempfinden an andere zu delegieren. Übertragen wir diese Aussage auf die Erwachsenenwelt: wie ist es anders zu verstehen, wenn Erwachsene dann den Abend als „schön" bezeichnen, wenn das Fernsehangebot ihren Vorstellungen entsprach. Passivität läßt nur sehr begrenzte Gedanken- und Gefühlserfahrungen zu, aktive Erfahrungen dagegen helfen vermehrt, das Gefühl des Beteiligt-Seins zu spüren.

Wo Erfahrungen zulässig und gewünscht sind, entsteht Neugierde, und es ist weitgehend bekannt, daß Neugierde wiederum eine Voraussetzung für den Aufbau von „Intelligenz" darstellt. Aus den Tätigkeiten entstehen Fragen, gedankliche Überlegungen provozieren neue Problemlösewege, und diese wiederum bestätigen gedankliche Annahmen.

Kinder, die durch Überfürsorge oder Überbehütung, mangelndes Zutrauen oder verweigerte Mitbestimmung im Sammeln von Erfahrungen beabsichtigt oder unbewußt unerfahren bleiben (müssen), trauen sich entweder kaum etwas zu, beginnen zu weinen, wenn kleine Anforderungen sie zu überfordern drohen oder stürzen sich mit Macht in alle Handlungsaktivitäten, die sich ihnen plötzlich bieten. An dieser Stelle kann/muß der Kindergarten auch den Eltern gegenüber Profil zeigen. Durch Themenelternabende zum Thema „Selbständigkeit" oder gezeigte Videoaufnahmen aus der Praxis können Eltern zur Kenntnis nehmen, wie handlungskompetent Kinder sein können, wenn man sie nur läßt.

Mitsprache und gemeinsam abgesprochene Regeln.
Der Kindergarten als ein Ort erfahrbarer Demokratie

Es ist Freitagmittag, und fast alle Kinder der „Drachengruppe" sitzen im Kreis zusammen. Einige wenige Kinder spielen noch in der Bau- und Werkecke, sind aber damit beschäftigt, auch ihre Arbeiten zu beenden. Schließlich sind alle im Kreis versammelt. Die Erzieherin eröffnet die an diesem Wochentag übliche *Kinderratssitzung*. Dazu liest sie von einer Liste die Tagesordnungspunkte vor, die ihr im Laufe der Woche von einigen Kindern genannt wurden:

„Heute stehen drei Punkte auf der Besprechungsliste. Fabian wollte etwas darüber sagen, daß es für ihn manches Mal zu laut in der Gruppe ist. Wenn er dann andere Kinder bittet, leiser zu sein, kümmern sie sich nicht um seinen Wunsch. Illona wünscht sich, etwas darüber zu sagen, daß einige Jungen immer in die Puppenecke kommen und sie beim Spielen ärgern. Und Sophia hat sich bei mir beschwert, daß ich ihr nicht zuhöre, wenn sie mir etwas ganz Wichtiges sagen will. Fabian ist als erster mit seiner Beschwerde dran."

Fabian greift sich die von den Kindern selbst hergestellte Sanduhr (zwei Marmeladengläser, die an ihren Schraubdeckeln miteinander verbunden sind und durch deren Deckel ein kleines Loch geschlagen wurde, so daß der feine Sand hindurchlaufen kann), dreht sie um und alle Kinder wissen, daß er solange reden darf, wie der Sand durch das Glas nach unten rinnt. (Anmerkung: Für die Beiträge aller anderen Kinder gibt es ebenfalls eine Sanduhr. Allerdings ist diese mit einem größeren Loch versehen, so daß die Wortmeldungen/Erwiderungen kürzer gehalten sein müssen.).

Für die Eltern und auch die Kinder war diese Form der Kinderkonferenz zunächst ganz ungewohnt. Einerseits fanden die Eltern die Idee „brauchbar und lustig", andererseits kamen sehr große Befürchtungen bei einigen Eltern auf, ob Kinder nicht dadurch „lernen" könnten, auch zu Hause „alles in Frage zu stellen". Selbst die ErzieherInnen waren sich darüber im klaren, daß es auch für sie selber hart sein könnte, weil gefundene Beschlüsse unter deutlicher Mitsprache der Kinder auch für sie bindend seien. Sollte die Demokratie wirklich so weit gehen?

In allen Kindertagesstättengesetzen der einzelnen Bundesländer, in den Richtlinien zur Kindertagesstättenpädagogik und auch im neuen Kinder- und Jugendhilfegesetz wird der Mitsprache der Kinder entweder direkt oder abgeleitet aus Zusammenhängen ein hoher Stellenwert beigemessen, etwa wenn es um die „Entwicklung der Selbständigkeit und Verantwortung" oder um die „Erweiterung der Fähigkeiten/Kompetenzen" der Kinder geht. Mitbestimmung läßt sich in einfache Worte kleiden:

- Kinder müssen die Möglichkeit erfahren, zu Wort zu kommen;
- Kinder haben das Recht, gehört und beachtet zu werden;
- Kinder sollen erfahren, daß sie an Entscheidungen real beteiligt werden.

Leider ist es in vielen Familien üblich, daß – ähnlich wie in hierarchisch strukturierten Einrichtungen – Grundmuster einer Kommunikation von „oben nach unten" verfestigt sind. Jemand hat das Sagen, andere haben zu hören. Die einen geben den Ton an, die anderen haben Erwartungen zu erfüllen. Vielleicht mag diese Aussage für einige LeserInnen zu hart klingen; demgegenüber zeigen Untersuchungen aus der Erziehungsstilforschung genau dieses Bild.

Kinder im Kindergarten besuchen nun zum ersten Mal – vielleicht auch durch den Aufenthalt in einer Krippe das zweite Mal – eine „Erziehungseinrichtung", durch die sie einen großen Teil des Tages außerhalb ihrer Familie untergebracht sind. Dieser Einfluß ist auch im Vergleich zur familiären Sozialisation in seiner Bedeutung nicht zu unterschätzen, kann es der Kindergarten doch leisten, daß Kinder *neue Erfahrungen* im Umgang miteinander machen.

Noch viel zu häufig werden wesentliche Entscheidungen, die Kinder betreffen, ohne sie vorgenommen: sei es bei der Planung von Spielplätzen oder Spiellandschaften, sei es bei Kinderhäusern, Kindertagesstätten, Stadtteilfesten oder Schulbauten,

Straßenplanungen oder Geländenutzungen. Zwar steht dabei verbal im Vordergrund, daß die „Bedürfnisse von Kindern" Beachtung finden werden, doch scheint es vielen Verantwortlichen immer noch nicht in den Sinn zu kommen, Kinder *direkt* zu beteiligen. Ein ähnliches Phänomen begegnet uns auch in der Behindertenpädagogik, in der immer noch in starkem Maße *für* statt *mit* ihnen geplant wird.

Ein Blick auf die vielfältigen Möglichkeiten einer deutlichen Mitsprache von Kindern im Hinblick auf Entscheidungsgrundlagen vollzieht sich auf drei Ebenen:

1. Mitsprache bei individuellen Anliegen
2. Mitsprache bei sozialen Angelegenheiten
3. Mitsprache auf organisatorischer/struktureller Ebene.

Einige Beispiele können die Bedeutsamkeit und Praktikabilität der Mitsprache verdeutlichen:

● Mitsprache bei individuellen Anliegen: Kinder können:

– eigene Wünsche, Anliegen und Bedürfnisse äußern, ohne von Erwachsenen sofort in ihre Grenzen verwiesen zu werden;

– ihre Spielzeit mitbestimmen, ohne daß ihnen von Erwachsenen die Grenzen gesetzt werden;

– ihr Bedürfnis zu essen oder nicht zu essen, frei äußern, und dabei werden ihre Wünsche beachtet, ohne daß Überredungen oder Manipulationsversuche Kinder vom Gegenteil ihres Bedürfnisses überzeugen sollen;

– sich mit eigenen, bedürfnisorientierten Einzelaktivitäten beschäftigen, ohne sich für ihren Rückzug rechtfertigen zu müssen;

– die Erwartung haben, daß ihnen zugehört wird, ohne sie in ihren Überlegungen und Gedanken zu stören oder durch insistierende Anmerkungen zu verschrecken;

– Ansprüche abwehren, indem ihr „nein" Beachtung findet, ohne daß sie mit moralisierenden Bewertungen konfrontiert werden oder den heimlichen Zwang spüren, „ja" sagen zu müssen;

– ihre Gefühle wie Traurigkeit, Wut, Ärger oder Angst frei heraus lassen, ohne durch die Rückmeldung der Erwachsenen zu spüren, daß es offensichtlich „gute und schlechte", „akzeptable und inakzeptable" Emotionen *zu geben hat*.

● Mitsprache bei sozialen Angelegenheiten: Kinder können:

– die Erfahrung machen, daß jede Gruppenaktivität ein für die Gruppe *offenes* Angebot darstellt und kein Kind gegen seinen ausdrücklichen Willen verpflichtet, teilzunehmen, zumal dann nicht, wenn irgendwelche „Sozialspiele" eher aufgesetzten Zwangsverpflichtungen gleichkommen;

– darauf vertrauen, daß Absprachen (Bewahrung von Geheimnissen u.a.) eingehalten werden und solange eine bindende Verpflichtung behalten, bis sie vom Kind aufgehoben werden;

– nach Absprache ihre Freunde mit in den Kindergarten bringen, um ihnen ihr „zweites Zuhause" einmal vorzustellen;

– selbstverständlich ihr persönliches Spielzeug von zu Hause mitbringen und zusammen mit anderen Kindern ihre Spiellandschaft gestalten.

● Mitsprache auf der organisatorischen, strukturellen Ebene: Kinder können:

– die Erfahrung machen, daß ihnen bei den angebotenen und von ihnen wahrgenommenen Zusammentreffen (Morgenkreis, Abschlußkreis, Kinderkonferenz) Aufmerksamkeit und Beachtung geschenkt wird;

– erfahren, daß alle sie betreffenden Regeln besprochen und verhandelt werden, so daß sie an der Entstehung von Regeln aktiv beteiligt sind;

– erfahren, daß bestehende Regeln nicht zeitlose Gültigkeit besitzen, sondern bei besonderen Anlässen oder Anliegen auch neu besprochen und verhandelt werden können;

– dadurch erfahren, daß Regeln nicht von „oben" aufgesetzt oder vorgegeben werden, sondern in ihrer Transparenz überprüfbar, sinnbedeutend nachvollzogen werden können;

– den Tagesablauf mitbestimmen, die Struktur des Tages, die Zeit ihres Frühstückens und ihrer Ruhe, so daß z.B. nicht eine feste Frühstückszeit nur wegen einer fragwürdigen Leitlinie „des gemeinsamen Verbringens einer Zeit sozialen Zusammenseins" durch Erwachsene festgesetzt wird;

– mit ihren Fragen und ihrer Kritik „heimliche Lehrpläne" aufdecken und dafür sorgen, daß „versteckte Traditionsregeln" veränderbar sind;

– erfahren, daß ErzieherInnen ebenso lernfreudi-

ge Menschen sind wie sie selber, daß sie sich bei Fehlern korrigieren oder entschuldigen können und *mit* Kindern auf die Suche gehen, Projekte nach den Lebensplänen der Kinder zu gestalten;
– mitsprechen, ob bei Regen auch ein „Nach-draußen-Gehen" möglich ist, so daß die Regel des „Im-Hause-Bleibens" grundsätzlich ihre Bedeutung verliert.

Mitsprache darf keine *Pseudo-Demokratie* in Kindergärten bleiben, und ErzieherInnen, die sich auf den Weg der Mitsprache von Kindern begeben haben, müßten sich deutlich fragen, für wen häufig die Regeln bestehen: nicht selten dienen sie der eigenen Bequemlichkeit, der Abwehr von Unzufriedenheit durch Eltern und dem Zweck, sich nicht selber in Frage stellen zu müssen.
Mitsprache der Kinder provoziert aber auch eine neue Dimension des Umgangs der ErzieherInnen untereinander, gegenüber dem Träger und den Eltern sowie gegenüber anderen Institutionen. Administrative Entscheidungen, Trägerwünsche oder Elternerwartungen, MitarbeiterInnenansprüche oder politische Entscheidungen, die den Kindergarten betreffen, werden ebenso zur Diskussion gestellt wie Kinder es in ihren Tagesabläufen (vor)machen.

Optimismus und Sicherheit.
Der Kindergarten als ein Ort der Freude

Christina versucht seit längerer Zeit vergebens, das Kleid aus der Rollenspielecke für ihre Größe zu kürzen. Obgleich ihr die Erzieherin gezeigt hat, wie sie mit Nadel und Zwirn die überflüssige Kleiderlänge als Saum umlegen kann, will es einfach nicht klappen. Christina ist genervt und traurig zugleich, hat sie sich doch in den Kopf gesetzt, genau *dieses* Kleid zu tragen, und so wie es ist, gefällt es ihr nicht.

Silke, die Erzieherin, kann es kaum mit ansehen und geht schließlich auf Christina zu: „Ich glaube, es will dir nicht gelingen, das Kleid kürzer zu machen. Da gibt es irgendeinen Punkt, daß du es nicht schaffst." „Nein", antwortet Christina, „der Stoff ist so dick. Und immer guckt der Faden unten vor. Irgendwas mache ich falsch." Silke fragt, ob sie das Kleid mal näher angucken darf und prüft es sorgfältig: „Ich glaube, Christina, du machst die Abstände zu groß. Außerdem ziehst du den Zwirn nicht fest genug. Jetzt hast du dich schon solange damit abgemüht und es wird nicht so, wie du es haben willst." „Machst du es mir fertig?" bittet das Mädchen die Erzieherin. „Ich weiß, daß du es schaffst", antwortet Silke, „ich kann dir mal mit einer kleinen, weißen Kreide immer dort einen Kreidepunkt aufzeichnen, wo du einstechen kannst. Die Kreide geht nachher ganz leicht wieder aus dem Stoff durch Abklopfen heraus. Außerdem bleibe ich für ein paar Minuten bei dir und kann dir dann sofort helfen, wenn du nicht weiterkommst." Nach zwanzig Minuten ist die Arbeit erledigt. Christina stellt sich vor den großen Spiegel im Gruppenraum, zieht das neue Kleid an und sagt zu sich selber: „Toll, jetzt paßt das Kleid. *Ich* habe es geschafft und ganz alleine genäht." Sie geht anschließend zu Silke und dreht sich voller Stolz um ihre eigene Achse.

Kinder sind durch vielfältige Anforderungen und Erwartungen ihrer Außenwelt belastet und schaffen es immer weniger, bei Mißgeschicken oder kleinen „Unglücksfällen" bei ihrem Vorhaben zu bleiben. Allzu schnell werfen sie das Handtuch, in der sicheren Überzeugung, daß ihre Absicht „sowieso" zum Scheitern verurteilt zu sein scheint.

Sie lassen sich schnell entmutigen, wenn nicht eine erwachsene Person in der Nähe ist, die vielleicht dafür sorgt, daß ihr Vorhaben doch noch klappen kann.

Nun gibt es zwei Möglichkeiten, als Erzieherin aktiv zu werden. Auf der einen Seite wird den Kindern sehr schnell gezeigt, *wie* etwas zum Erfolg führen kann, auf der anderen Seite kommt es aber auch vorschnell dazu, die Arbeit aus den Händen der Kinder zu übernehmen und selber das Ganze fertigzustellen. Beides hat sehr große Nachteile, erfährt ein Kind doch dadurch, daß es *selber* nicht in der Lage ist, seine Idee in die Praxis umzusetzen. Darüber hinaus entsteht (automatisch) der Wunsch bei den Kindern, in der Zukunft am besten gleich die Erzieherin (analog: die Eltern) zu fragen, ob sie nicht bereit sind, die Aufgabe zu übernehmen. Der Hinweis, es doch selber zu probieren, trifft dadurch meist auf Enttäuschung oder Resignation („Ich kann das sowieso nicht."/„Warum hilfst du mir denn jetzt nicht? Gestern hast du mir auch geholfen. Du bist gemein."). Die zweite Möglichkeit, Kindern konstruktiver zu helfen, besteht in der eigenen Überzeugung, daß *Kinder* mit entsprechenden Impulsen durchaus in die Lage versetzt werden, es *selber* zu schaffen, ohne daß die Erzieherin dabei die Arbeit übernimmt. Jeder Erfolg durch das Kind wird von ihm als ein Erfolg seiner *eigenen* Kräfte, *seines* Durchhaltevermögens und *seiner* Ausdauer erfahren, die ihn dazu motivieren können, auch in Zukunft *selbstverantwortlich* tätig zu werden.

Ein (pädagogischer/personenorientierter) Optimismus drückt sich in der Arbeit mit Kindern auf vielfältige Art und Weise aus. Schon das Gesicht, die eigene Neugierde und das Erstaunen, das Interesse und die hoffnungsvolle Spannung, sind für Kinder zunächst der Hauptmotivator, etwas auszuprobieren. Hier liegt den ErzieherInnen ganz offensichtlich eine Haltung zugrunde, in der es darum geht, *mit den Stärken der Kinder* zu arbeiten und nicht ihre Schwächen zum Ausgangspunkt der Arbeitsaktivität zu erklären. Aber nicht nur das Gesicht, auch die gesamte Körperhaltung und die Art des Sprechens sind für Kinder (und selbstverständlich auch die MitarbeiterInnen und Eltern) überaus deutliche Anzeiger dafür, ob ihnen etwas zugetraut wird oder ein Mißtrauen besteht, daß es anders besser gemacht werden könnte bzw. überhaupt nicht klappen wird.

Pessimistische Grundhaltungen wirken sich wie ein lähmender Schleier auf die Arbeit aus: Verstimmungen, Vorsicht oder Resignationen stehen im Vordergrund mit der Folge, daß das Selbstwertgefühl der Kinder deutliche Risse erhält. Warum nur – und diese Frage sei an dieser Stelle deutlich ausgesprochen – ähneln manche Gesichter in der elementarpädagogischen Arbeit mehr einer Trauergemeinde bzw. einer Gruppe hochunzufriedener Menschen als einer Ansammlung von motivierten, neugierigen Fachfrauen und Fachmännern? Manches Mal – so denkt der Autor dieses Buches im Rückblick auf Besuche in bestimmten Kindergärten – würde er die Frage, ob er in dieser Einrichtung Kind sein wolle, mit einem deutlichen „nein" beantworten, weil manchen KollegInnen alles nicht zu passen scheint. Hat es die Pädagogik in den letzten Jahren wirklich verlernt, den Sinn und die Bedeutung von Optimismus zu verleugnen oder gar zu vergessen?

Optimismus schafft eine innere und äußere Sicherheit – für sich selber und für andere. Es ist einfach etwas grundlegend anderes, in freundliche Augen zu schauen und die Lebendigkeit der Person und ihrer Arbeit zu spüren als in ein Gesicht zu sehen, das Unzufriedenheit, Zweifel und Kritik, die Mühsal des Tages ausdrückt – und automatisch überträgt! Mit den Stärken von Kindern arbeiten bedeutet, *weniger*

- die „Defizite" eines Kindes zu betrachten und es zu maßregeln;
- die Schwächen eines Kindes zum Ausgangspunkt eines „förderpädagogischen Erziehungsplanes" zu erklären;
- die Erwartung auf ein Kind zu übertragen, seine Absicht sei „eh' zum Scheitern verurteilt" oder
- auf das „Lückenhafte" zu achten und nur darauf zu warten, daß das Vorhaben schiefgeht.

Mit den Stärken von Kindern zu arbeiten bedeutet vielmehr,
- die Verhaltensbereiche zu entdecken und auszubauen, in den sich Kinder sicher fühlen;
- die Stärken der Kinder deutlich herauszustellen und ihnen dabei zu helfen, sich als „stolz" und „gut" erleben zu können;
- mit Interesse an den Versuchen der Kinder teilzuhaben, etwas zu schaffen;
- mit eigener Freude den Kindern zu zeigen, daß jedes Kind es wert ist, glücklich zu werden.

Optimismus in der elementarpädagogischen Arbeit schafft auf der einen Seite bei den Erwachsenen die Voraussetzung dafür, auf jede Form einer Machtausübung – durch Handlungen oder Worte – zu verzichten. Kinder haben ein *Recht auf Gewaltfreiheit,* und Beobachtungen in der Praxis zeigen die Verbindung von eigener Unzufriedenheit und Machtansprüchen gegenüber den Unterlegenen (in diesem Fall Kinder). Macht- oder Gewaltansprüche schaffen Opfer, und die Liste von Kindern als Opfer könnte ins Unermeßliche ausgeführt werden. Optimismus dagegen sorgt sich um das Wohlergehen von Kindern und bereitet den Boden einer auf Sicherheit ausgelegten Entwicklungsbegleitung. Vielleicht ist es an dieser Stelle nicht unangebracht, LeserInnen des Buches einmal den Gedanken nahezubringen, in den Spiegel zu schauen und sich dann zufragen, ob man selber Kind dieser Person im Spiegel sein möchte.

Kinder entwickeln sich am besten in einer Atmosphäre des Zutrauens und in der Sicherheit, sich auf eigene Vorstellungen von Richtigkeit verlassen zu können. Statt mit ständiger Kritik zu leben (leben zu müssen), ist es für sie besser, eine Begleiterin zu finden, die zuverlässig und überwiegend fröhlich den Tag mit ihnen gestaltet. ErzieherInnen, die mitspielen und lachen können, Kinderwitze verstehen und die ungestüme Freude von Kindern voller Beteiligung spüren, die mit Kindern auf den Pfad der Geheimnisse gehen und BündnispartnerInnen werden, die sich ihr eigenes Kindsein bewahrt haben und selber an die glücklichen Momente ihrer eigenen Kindheit zurückdenken – diese ErzieherInnen schaffen es mit ihrem Optimismus, den Kindern ein Gefühl der Sicherheit zu vermitteln.

Optimismus und Sicherheit können sich zudem dort gut entfalten, wo Kinder die Möglichkeiten haben und auch nutzen können, sich zu bewegen, zu tanzen und herumzuspringen, um den Streß des Alltags abzulegen.

Sich sprachlich, motorisch, handlungsaktiv oder

mit Hilfe gemalter Bilder auszudrücken schafft die Freiheit, die Kinder brauchen, um sich täglich von dem Druck zu befreien.

Vorgezogenes Stillsitzen-Üben (in der Vorschau auf die Schule) ist dabei ebenso physiologisch unmöglich wie sinnlos, ist doch aus der Persönlichkeitspsychologie bekannt, daß bewegte Kinder ihren breiten Bewegungsraum brauchen, um aus gespürten Unsicherheiten herauszufinden. Dabei darf es nicht um irgendwelche funktionalisierten Rhythmik-Stunden oder Turnübungen gehen, sondern vielmehr um die alltägliche Bewegung in Sinnzusammenhängen erlebter und durchzuführender Projekte.

Der Kindergarten ist ein Ort, wo Kinder diese Erfahrungserlebnisse machen möchten und können, sofern ihnen dazu Gelegenheiten geboten werden.

Erfahrbare Sinnzusammenhänge. Der Kindergarten als ein Ort lebensnaher Wirklichkeiten

Die Kinder der Gruppe „Rasselbande" sind heute wieder unterwegs. Mit zwei „Bollerkarren" im Schlepptau haben sie sich auf den Weg gemacht, die Arbeitsstelle von Birtes Mutter aufzusuchen. Sie arbeitet als Ingenieurin in einem Abfallbeseitigungsunternehmen und hat der Anfrage der

Kinder, mit ihren Erzieherinnen den Arbeitsplatz von Birtes Mutter kennenzulernen, gerne zugestimmt.

Nach einem Stück Fußweg fahren alle Kinder mit dem Bus und sind schon darauf gespannt, was sie wohl dieses Mal erwarten wird. In der letzten Woche haben sie Jules Vater in der Stadtverwaltung aufgesucht, und davor waren sie in einer Schreinerei, einem Restaurant und einer KFZ-Werkstatt. Immer gab es etwas Neues zu erleben, und manche Kinder haben dabei zum ersten Mal die Arbeitsplätze ihrer Eltern kennengelernt. Wo es mit dem Bus unmöglich war herzukommen, fanden sich Eltern mit Autos bereit, in Fahrgemeinschaften die Strecke gemeinsam zurückzulegen.

Kaum sind die Kinder in dem Unternehmen zur Beseitigung von Abfall angekommen, werden sie von Birtes Mutter herzlich begrüßt. Ein langer Rundgang führt die Kinder an den verschiedenen Arbeitsstationen vorbei, und naserümpfend (wegen des strengen Geruchs), die Ohren zuhaltend wegen des teilweise sehr starken Lärms, aber auch neugierig (ob vielleicht etwas auf dem Förderband transportiert wird, was noch zu gebrauchen ist) stapfen die Kinder durch die riesigen Hallen und über den Hof.

„Früher", meint die Erzieherin, „haben wir uns mehr mit Bilderbüchern und den klassischen Besuchen von Feuerwehr, Polizei und Bäcker zufriedengegeben. Dabei hatten wir aber völlig vergessen, daß sich viele Kinder von den Berufen und Arbeitsstätten ihrer Eltern gar keine Vorstellung

machen konnten. Was bringt es den Kindern, mal
in einem Polizeiauto mit angeschalteter Sirene zu
sitzen – außer einer Bewunderung für diesen Beruf –, wenn gleichzeitig reale Lebensbezüge außer
acht gelassen wurden?"

Kinder sind mit vielen Einflüssen konfrontiert: mit
Medien wie Video, Fernsehen und Kassettenrecorder, game-boy oder Video-games, mit den Lebens-
realitäten Krankheit und Tod, mit dem Straßenver-
kehr und seinen Gefahren, Urlaubseindrücken und
Situationen aus dem Wohnumfeld, der Situation alleine oder mit Geschwistern aufzuwachsen, einen
Vater und/oder eine Mutter zu haben, den Eindrücken von Kriegen und Gewalt, der Feindschaft
anderer Menschen gegenüber und einer Kon-
sumüberschüttung, der neuen Armut fremder Menschen oder der eigenen Familie, der zunehmenden
Zerstörung der Natur oder ihrer ausgeplanten Ter-
mine. Kinder leben in unendlich vielen Bezügen
und sind mit Realitäten, Reizüberflutungen und
Ansprüchen verbunden, die es ihnen teilweise
schwer machen, sich zu orientieren und zurechtzu-
finden. Mit dieser *Eindrucks-Vielfalt* kommen Kinder in den Kindergarten.

Auf der anderen Seite werden Kinder gleichzeitig
aus erfahrbaren Sinnzusammenhängen ausge-
schlossen: Kinder können ihren Eltern nicht mehr
zuschauen, wenn diese etwas reparieren, weil de-
fekte Gegenstände entweder zur Reparatur außer
Haus gebracht oder in Zeiten einer „Ex und hopp-
Kultur" kurzerhand weggeworfen werden. Sie
können beim Kochen oder Backen nicht mehr in

größerem Maße mithelfen, weil Kinder zunehmend in Küchen zu stören scheinen oder das Essen in einer Mikro-Welle erhitzt wird. Fertige, tiefgefrorene Kuchen werden in den Backofen gestellt, Großeinkäufe in Zentralmärkten getätigt – ohne Einzelläden aufzusuchen –, Kinder werden zu Terminen chauffiert statt selber hinzulaufen oder mit dem Bus fahren zu müssen, Pizzen werden per Bringdienst geordert, und immer mehr Zahlungen werden mit einer Plastik-card beglichen. Bei dieser Aufzählung, die endlos fortgesetzt werden könnte, geht es nicht um eine „Glorifizierung" der Vergangenheit, sondern um die Bedeutung, offensichtliche bzw. heimliche „Veränderungen erfahrbarer Lebenswelten" zu bemerken. Vieles dieser Welt wird für Kinder nur angerissen und bleibt auf halbem Wege unerklärt.

Lange Jahre wurde der Kindergarten für Kinder zu einem Ort lebensferner Wirklichkeiten erklärt. Statt mit Kindern während ihres Aufenthaltes in der Einrichtung die Lebenswirklichkeiten des Alltags gemeinsam zu *erfahren*, wurde das „Lernen" der Kinder auf bestimmte Lernangebote innerhalb der Kindergartenräume begrenzt. So hatten Bilderbücher oft hauptsächlich den Zweck, die Welt von draußen nach innen zu holen, und Bastelarbeiten gehörten zum Alltag des Tagesablaufes. Bestimmte Spielmittel wurden speziell im Rahmen einer für Kinder gedachten „Spielkultur" angeschafft, bei denen die Kinder statt mit echtem Werkzeug lediglich mit Werkzeug-imitaten hantieren durften.

Lebensnahe Wirklichkeiten bieten dagegen den Kindern eine überaus große Chance, direkt und unmittelbar Sinnzusammenhänge in der Praxis zu erfahren. Kinder können:

● während des Einkaufens auf dem Wochenmarkt oder in bestimmten Geschäften den *realen* Umgang mit Geld kennenlernen, Auswahl und Vergleiche der Lebensmittel vornehmen und Entscheidungen für ihren Speiseplan treffen;

● während ihrer Einkaufswege die Nutzung der Busse/Straßenbahnen oder die Beachtung bestimmter Verkehrsregeln erfahren, ohne daß dafür besondere „didaktische Lerneinheiten" festgesetzt werden;

● bei der Pflege bzw. dem Anlegen des Gartens Grunderfahrungen im Umgang mit Pflanzen machen und nicht nur dann ihre Kräuter nutzen, wenn sie, wie z. B. die Kresse in irgendwelchen Plastikbechern mit wasserversetzter Watte heranwachsen;

● bei ihrem Projekt „Angst" die Situationen vor Ort erfahren, die ihnen angst machen und z.B. sich in den Geschäften beschweren, in denen sie als Kinder von Erwachsenen „übersehen" wurden;

● bei ihrem Projekt „Alleinesein" ein Altersheim aufsuchen und in Gesprächen mit alten Menschen erfahren, was für sie Einsamkeit bedeutet;

● beim Besuch der Molkerei oder einer Großküche erfahren, woher ihre Milch bzw. ihre Lebensmittel angeliefert werden;

● selbst bei einem Besuch auf dem Friedhof erfahren, wo ihre Großeltern ihre letzte Ruhe gefunden haben und auch andere Menschen, die gestorben sind, beerdigt werden;

● beim Besuch der Arbeitsplätze ihrer Eltern nun genauere Vorstellungen darüber bekommen, wohin tatsächlich Mama/Papa jeden Morgen fahren;

● während des Besuchs einer Wohn- oder Arbeitsstätte für behinderte Menschen miterleben, daß Menschen, die vielleicht anders sprechen oder aussehen als sie, sich möglicherweise anders verhalten oder bewegen, auch lachen und weinen, sich ärgern oder freuen können

● bei einer Einladung der Erzieherin zu sich nach Hause nun begreifen, wo und wie ihre Erzieherin lebt;

● durch den Bau einer eigenen Spielhütte im Garten vielfältige Erfahrungen machen, was alles zu beachten ist, ein Wohnholzhaus zu errichten oder durch die Mithilfe beim Aufbau neuer Spielgeräte begreifen, wie schwer es ist, Sand- oder Erdberge umzuschaufeln, eine Kriechröhre zu verlegen oder eine Hängebrücke mit dicken Tampen zu verknoten;

● in einer eigenen, kleinen Werkstatt ihre Fahrräder/Dreiräder zusammen mit ihrer Erzieherin reparieren und andere kleinere Reparaturen an ihrem Spielzeug vornehmen;

● durch das Kennenlernen ihrer Umgebung und die Herstellung eines eigenen Stadtplanes versuchen, ihr Umfeld wiederzuerkennen und Menschen zu treffen, die ihnen, falls sie sich verlaufen, weiterhelfen könnten.

Diese und viele weitere Möglichkeiten kann der Kindergarten dann nutzen, *wenn* sich bestimmte Außenerfahrungen in Projekten integrieren lassen, ohne daß diese aufgesetzt und künstlich hergestellt werden.

Erfahrbare Sinnzusammenhänge sind überall zu finden und zu berücksichtigen, um Kinder an der Lebendigkeit des Lebens teilhaben zu lassen. Eine kindorientierte Elementarpädagogik versucht, Kinder nicht von diesen Erfahrungen abzuhalten. Friedhelm Beiner hat es einmal so formuliert:

> Wie kann man ein Kind in seinem Menschsein achten?
> Indem man ihm das Risiko eigener Erfahrungsammlung zugesteht, die einseitige Zukunftsorientierung zu Lasten der Gegenwart des Kindes aufgibt und die Individualität und Identität jedes einzelnen Kindes respektiert.

Kinder sind neugierige Menschen, die erfahren wollen, was sie können und schaffen, die ausprobieren wollen, wie ihre Welt funktioniert. Mit Kindern den Tag erleben heißt aber auch, daß EntwicklungsbegleiterInnen dieselbe Neugierde wie Kinder besitzen, in dem Wunsch, selber immer wieder neue Sinnzusammenhänge zu begreifen.

3. Schlußwort

Während einer MitarbeiterInnenfortbildung in einem Kindergarten nutzte ich die Zeit, durch den Kindergarten zu gehen, die Räume auf mich wirken zu lassen und mich zu fragen, ob *ich* hier gerne als Kind meine Vormittage verbringen würde.

Plötzlich öffnete sich eine Türe und ein vierjähriges Mädchen, das in der sogenannten „Notgruppe" des Kindergartens untergebracht war, kam auf mich zu und fragte, wen ich denn abholen wollte. Offensichtlich sah Theresa in mir den Vater eines Kindergartenkindes.

Ich erzählte ihr, was ich mache und setzte mich dabei auf eine kleine Bank. Sie stieg darauf und schaute mir auf den Kopf. Lange Zeit blieb sie regungslos stehen und fragte schließlich:

„Sag mal, wo hast du denn deine Haare gelassen?"

Schmunzelnd wußte ich, daß Theresa meine beginnende Glatze meinte. Vorsichtig strich sie mir über den Kopf.

„Die habe ich verloren. Das ist bei manchen Menschen so, wenn sie älter werden."

Theresa stieg von der Bank, faßte meine Hände

und meinte betroffen mit leiser Stimme: „Dann gehen wir sie jetzt suchen." Stumm vor dieser großen Hilfsbereitschaft, gerührt von ihrer natürlichen Anteilnahme und beeindruckt von ihrer spontanen Herzlichkeit wurde mir einmal mehr klar, wie wichtig Kinder für unsere „erwachsenen Leben" sind. Kinder werden uns an ihren Schätzen teilhaben lassen, wenn der Kindergarten ein Ort ist, an dem Kinder sich entwickeln können.

Laßt uns die Erde
den Kindern übergeben,
wenigstens für einen Tag,
wie einen bunt geschmückter Luftballon
zum Spielen,
Lieder singend zwischen den Sternen.

Laßt uns die Erde
den Kindern übergeben,
wie einen riesigen Apfel,
wie ein warmes Brot,
wenigstens für einen Tag
sollen sie satt werden.

Laßt uns die Erde
den Kindern übergeben,
wenn auch nur für einen Tag,
soll die Welt
die Freundschaft kennenlernen.
/.../
Nazim Hikmet

Kinder haben weder eine wirksame politische noch pädagogische Lobby, die ihnen in der Realität hilft, ganz praktisch vor Ort die Wertschätzung zu erfahren, die ihnen zusteht.

ErzieherInnen werden immer wieder versuchen, aus ihrem kindorientierten Selbstverständnis, mit ihrer Professionalität und vor allem mit ihrer Liebe zu Kindern den Kindergarten zu einen Ort zu gestalten, den Kinder gerne besuchen und an den sie sich im weiteren Leben mit Freude zurückerinnern werden.

Es mag eine Utopie sein, daß sich vielleicht im Laufe der Jahre der Begriff „ErzieherIn" verändert und stattdessen im wahrsten Sinne des Wortes „EntwicklungsbegleiterInnen" ihren Beruf zuallererst mit Kindern erleben – Tag für Tag.

Praxisbuch Kindergarten
Für Ausbildung und Beruf

Sozial-Emotionale Erziehung

Armin Krenz/Heidi Rönnau
Entwicklung und Lernen im Kindergarten
Psychologische Aspekte und pädagogische Hinweise
für die Praxis
ISBN 3-451-20128-3

Gerda Lorentz
Freispiel im Kindergarten
Chancen seines bewußten Einsatzes
ISBN 3-45119330-2

Ingeborg Becker-Textor
Mit Kinderaugen sehen
Wahrnehmungserziehung im Kindergarten
ISBN 3-451-22549-2

Adelheid von Schwerin
Sprache haben - sprechen können
Hilfen für sprach- und sprechauffällige Kinder
im Kindergarten
ISBN 3-451-21068-1

Hildegard Schaufelberger
Alte und neue Bräuche im Kindergarten
Grundwissen und Anregungen für die Erzieherinnen
ISBN 3-451-22814-9

Helga Müller/Pamela Oberhuemer
Kinder wollen spielen
Spiel und Spielzeug im Kindergarten
ISBN 3-451- 20126-7

In Ihrer Buchhandlung erhältlich